Michael Morris

BLACKOUT

DER LAST-MINUTE-VORSORGE-GUIDE

Dieses Büchlein kann Dein Leben retten!

amadeus-verlag.com

Amadeus Verlag GmbH & Co. KG
Birkenweg 4
74579 Fichtenau
Fax: 07962-710263
www.amadeus-verlag.com
Email: amadeus@amadeus-verlag.com

Druck:
CPI – Ebner & Spiegel, Ulm
Satz und Layout:
Jan Udo Holey
Umschlaggestaltung:
Amadeus Holey

ISBN 978-398562-003-6

Inhaltsverzeichnis

Vorwort

Im Herbst 2022 schlug die Stimmung in weiten Teilen Europas von Verunsicherung und Unmut in Panik um. Mit einem Mal wurden die Bürger von Politikern und Massenmedien damit konfrontiert, dass die Zeiten der Sicherheit und der Bequemlichkeit vorbei waren. Galt ein längerer Blackout gestern noch als unmöglich, so war er heute mit einem Mal scheinbar ausgemachte Sache – aber natürlich für einen guten Zweck. Hatte man den Wählern gestern noch das grüne emissionsfreie und zukunftsweisende Rundum-Sorglos-Paket versprochen, so verkündete man ihnen heute das Gegenteil und riet ihnen dazu, selbst vorzusorgen. Doch wie genau, das verriet ihnen keiner.

Die kleinen Broschüren der Katastrophenschützer waren keine große Hilfe, und die wenigen ernsthaften Bücher zu diesem Thema waren eher auf langfristige Strategien und Vorbereitungen ausgelegt. Da ich im privaten Umfeld immer öfter auf das Thema angesprochen wurde, stellte ich fest, dass selbst gut informierte und kritische Menschen das Ausmaß der Problematik meist komplett unterschätzten. Denn niemand sagte ihnen, dass ein Blackout „von wenigen Tagen" in Wahrheit verheerende Folgen für mehrere Monate hätte.

Ich befasse mich seit Jahren mit den Themen „Energie" und „Vorsorge" und habe mich nun im September 2022 außerplanmäßig hingesetzt, um so schnell wie möglich diesen Ratgeber zu verfassen, um allen interessierten Lesern konkrete Hilfestellung zu geben, basierend auf meinen eigenen Recherchen, Vorbereitungen und langjährigen Erfahrungen.

Ich gebe Dir in diesem Buch ein umfassendes Bild darüber, was durch einen Blackout aus meiner persönlichen Sicht wirklich auf

Dich zukommen könnte, sowohl währenddessen als auch danach. Ich zeige Dir auf, welche grundsätzlichen Entscheidungen Du treffen solltest, bevor Du mit Deinen konkreten Vorbereitungen beginnst, unabhängig davon, ob Du privat oder geschäftlich vorsorgen möchtest. Und selbst wenn Du bereits „ein wenig" vorgesorgt hast, wirst Du feststellen, dass es sicher noch vieles gibt, was Du bis dato nicht gewusst und bedacht hattest.

Um diesen Ratgeber kurz und informativ zu gestalten, gehe ich weniger auf die Hintergründe und die Motive der Verursacher der Energiekrise ein, zumal ich das bereits ausführlich in meinem vorigen Buch »Es ist Krieg« getan habe. Daher konzentriere ich mich ausschließlich darauf, wie Du am sinnvollsten mit Wasser und Nahrung und alternativen Methoden zur Sicherstellung von Strom und Wärme umgehen kannst. Es geht um die bestmögliche und effizienteste maßgeschneiderte Vorsorge, die Du in der Kürze der vermutlich verbleibenden Zeit treffen kannst.

Ein flächendeckender Blackout in Europa oder weiten Teilen davon wäre wesentlich mehr als nur das Fehlen von Strom, Licht, Wärme, Wasser, Treibstoff und Lebensmitteln, er würde bereits innerhalb weniger Tage zu schweren sozialen Verwerfungen führen, und wir wissen aus der Erfahrung mit früheren ähnlichen Krisensituationen, wie man sich am besten verhält, um solch herausfordernde Zeiten unbeschadet zu überstehen.

Da Geld in Zeiten hoher Inflation für uns alle ein wichtiger Faktor ist, zeige ich Dir in allen Themenbereichen verschiedene Vorsorgemöglichkeiten für unterschiedliche Budgets auf, denn gute Vorsorge muss nicht zwingend teuer sein. Bereits mit wenigen hundert Euro kannst Du Dir selbst ein vielleicht lebensrettendes Basis-Paket schnüren. Die Preise, die ich für verschiedene Produktgruppen nenne, spiegeln den Stand von Anfang Oktober 2022 wider. Ich gehe auf Grund der politischen und monetären Gesamtlage davon aus, dass sie weiter steigen werden, aber sie werden Dir dennoch als Orientierungshilfe dienen.

Da derzeit bereits einige für die persönliche Vorsorge wichtige Produkte ausverkauft sind oder lange Lieferzeiten haben, zeige ich Dir in allen Bereichen so viele Alternativen wie möglich auf. Am Ende des Buches findest Du dann zudem eine Checkliste, in der ich aufgelistet habe, was ich als für den Ernstfall wichtig erachte. Darin kannst Du abhaken, welche essentiellen Produkte und Waren Du bereits angeschafft hast und siehst gleichzeitig, welche Dir noch fehlen. Außerdem kannst Du eintragen, wie viel Du dafür bereits ausgegeben hast, um einen besseren Überblick über Dein Budget zu haben.

Ich hoffe inständig, damit möglichst vielen Menschen Kummer und Zeit zu ersparen und sie so gut wie möglich mit meinen persönlichen Überlegungen und Erfahrungen unterstützen zu können.

Lesern meiner bisherigen Bücher wird nicht nur die Kürze dieses Werkes überraschen, sondern auch die Tatsache, dass ich sie erstmals „duze", was nicht daran liegt, dass ich etwa alle Manieren oder gar allen Respekt vor ihnen verloren hätte. Noch weniger habe ich mich der Flapsigkeit der modernen bildungsresistenten Pseudo-Eliten angepasst. Ich tue es, weil ich während des Schreibens dieses Ratgebers gemerkt habe, dass die Anredeform mittels der 3. Person Plural gerade im Zusammenhang mit Krisenvorsorge nicht nur unpersönlich wirkt, sondern auch der Dringlichkeit und Eindringlichkeit des Inhaltes nicht gerecht wird.

Es gibt viel zu tun. Packen wir's an!

Michael Morris im Oktober 2022

TEIL 1 – Die Ausgangslage

Großflächige Stromausfälle passierten in den letzten 10 Jahren immer häufiger, nicht nur in weniger entwickelten Ländern wie Venezuela, Indien oder Paraguay, sondern auch in Italien und Kanada und sogar regelmäßig in den USA. Grund waren bislang meist Unwetter, und in der Regel halten diese regionalen Blackouts auch nur für wenige Tage, seltener mehrere Wochen an. Rasch beseitigt werden sie dann mit Hilfe funktionierender Infrastruktur angrenzender Länder oder Provinzen, die von der Naturkatastrophe verschont wurden.

Aber es gibt selbst in der jüngsten Geschichte auch Beispiele für längere Blackouts. In Puerto Rico, das immerhin zu den USA gehört, fiel nach den beiden Wirbelstürmen „Irma“ und „Maria“ im Herbst 2017 der Strom für über eine Million Menschen aus – und zwar für mehr als ein Jahr! Da die gesamte Insel verwüstet war, konnte man von nirgendwoher Strom beziehen, was die Wiederherstellung der Infrastruktur erheblich verzögerte. Viele Menschen hatten durch die Wirbelstürme ihre Häuser verloren. Es gab monatelang kaum sauberes Trinkwasser, die Krankenhäuser waren geschlossen und die Flughäfen zerstört, wodurch Hilfe auch nur sehr langsam eintreffen konnte.

Wenn man sich jedoch vor Augen führt, dass die durchschnittlichen Temperaturen im Januar, dem kältesten Monat des Jahres, in Puerto Rico bei rund +25°C liegen, in Mitteleuropa hingegen nur wenige Grad über dem Gefrierpunkt, an manchen Tagen auch darunter, dann kann man erahnen, dass ein großflächiger und länger anhaltender Blackout in Europa wesentlich verheerender wäre als in der Karibik.

Ich weiß, dass viele Europäer immer noch denken, dass man ihre Situation nicht mit der einer kleinen Antilleninsel vergleichen kann, weil ihnen eingetrichtert wurde, dass das europäische Stromnetz wesentlich besser und sicherer sei. Das war bis vor einigen Jahren auch nicht falsch – vor allem, da es mehrere regionale Stromnetze gab, die nicht so sehr voneinander abhängig waren. Heute aber sind nicht nur die Stromversorgungen aller EU-Staaten im Rahmen des „Europäischen Verbundsystems" zusammengeschlossen, sogar die Türkei, Marokko, Algerien, Tunesien und die Westsahara sind Teil dieses Netzes. Seit März 2022 hängen auch noch die Ukraine und die Republik Moldau an diesem Verbund, was dieses gigantische Stromnetz noch sensibler und anfälliger macht. Und als ob das allein noch nicht aufregend genug wäre, wurden über Seekabelverbindungen auch noch die Skandinavier, die britischen Inseln und Irland angeschlossen.

Zwar sind Wirbelstürme in Europa selten, dafür sorgt aber die ideologisch vorangetriebene „Energiewende" dafür, dass auf dem Kontinent per Dekret (E-Mobilität) immer mehr Strom verbraucht wird, während gleichzeitig die Produktion erschwert und verteuert wird, obwohl es einfach wäre, dies zu ändern. Die von europäischen Politikern verhängten Sanktionen gegen Russland haben die Lage absichtlich noch weiter zugespitzt. Daher ist das europäische Stromnetz, das für all diese Veränderungen nicht ausgelegt ist, bereits seit einigen Jahren am Rande des Kollaps.

Zu hohe Verbrauchsspitzen, regionale Pannen, menschliche Fehler oder der Ausfall einzelner Kraftwerke durch Unwetter oder Sabotage könnten somit mit einem Schlag die Stromversorgung für mehr als eine halbe Milliarde Menschen gleichzeitig lahmlegen. Da wir uns in Kriegszeiten befinden, sind zudem auch Cyberattacken oder physische Terroranschläge auf kritische Infrastruktur ein realistisches Szenario, was denselben Effekt haben könnte wie ein gewaltiger Sonnensturm oder schwere Unwetter. Aus diesem Grund gehen zahlreiche ernst zu nehmende Experten davon aus, dass die entscheidende Frage nicht lautet, „ob“ es zu einem flächendeckenden Blackout in Europa kommt, sondern „wann“.

Im Laufe des Jahres 2022 haben lokale Stromausfälle, die nur mehrere Stunden dauerten, bereits deutlich zugenommen, auch in Österreich, Deutschland und Italien. Das ist ein deutlicher Hinweis darauf, dass das europäische Stromnetz zunehmend an seine Grenzen gerät.

Ich denke, dass eine überwältigende Mehrheit der Menschen, einschließlich der meisten Politiker, noch nicht begriffen hat, was ein mehrtägiger europaweiter Blackout für sie selbst, die Gesellschaft und die Infrastruktur bedeuten würde, ganz zu schweigen von einem wochenlangen Ausfall.

Energiepreise

Im Jahr 2022 stieg der Gaspreis in Europa in astronomische Höhen. Da in Deutschland viele Haushalte mit Gas heizten, sahen sich viele besorgte Bürger veranlasst, sich als Alternative elektrische Heizungen anzuschaffen. Wenig überraschend stieg kurz darauf auch der Strompreis exorbitant und war im September 2022 bereits um durchschnittlich rund 300% höher als ein Jahr zuvor. Dies war jedoch auf Grund von Jahresverträgen bei den meisten Endkunden praktisch noch nicht angekommen. Das wird es aber im Lauf der kommenden Monate, was die Gesamtsituation deutlich verschlimmern wird. Neben der enormen Belastung für die Budgets privater Haushalte und Unternehmen werden die vielen zusätzlichen Elektroheizungen im Winter aber auch noch zu einer großen Gefahr für das ohnehin fragile Stromnetz Europas.

Die deutsche Regierung in Berlin und Brüssel hätte die extremen Preisanstiege bei Energie im Jahr 2022 ganz leicht verhindern können – wenn sie das gewollt hätte. Zum einen hätte sie nur die von einem internationalen Konsortium finanzierte und fertiggebaute Gaspipeline *Nord Stream 2* genehmigen müssen, was sie jedoch aus ideologischen Gründen verweigerte. Doch selbst ohne diesen Schritt hätte sie die Strompreise ganz einfach deutlich senken können, wenn sie das *Merit-Order*-Prinzip für die europäischen Strombörsen aufgehoben oder zeitweise ausgesetzt hätte. Diese Regelung sorgt nämlich dafür, dass an den Strombörsen der teuerste Anbieter, der den Zuschlag für Lieferungen für den nächsten Tag erhält, den Strompreis für alle Anbieter bestimmt. Der am besten steuerbare, aber auf Grund der deutschen Politik teuerste Strom war im Jahr 2022 der aus Gaskraftwerken. Allen anderen Produzenten, die viel niedrigere Kosten hatten, vor allem Solar- und Windkraftanlagen, erhielten denselben hohen Preis wie die Betreiber der Gaskraftwerke, obwohl sie ihren Strom auch gewinnbringend für einen Bruchteil hätten verkaufen können. Scheinbar war es aber der Wille des grünen deutschen Wirtschaftsministers, dafür zu sorgen, dass seine Genossen aus dem Sektor der „Erneuerbaren Energien" sich auf Kosten hungernder und frierender Bürger die Taschen füllen konnten.

Ich erwähne das nur, um aufzuzeigen, dass unter Beibehaltung der bisherigen Politik auch mittel- bis langfristig keine Besserung in Sicht ist. Die Gasvorräte, die in Europa bis zum Herbst 2022 angelegt wurden, werden je nach Winterwetter bestenfalls bis zum März oder April 2023 reichen. Danach soll es nach dem Willen der EU-Hardliner überhaupt keine Energieimporte aus Russland mehr geben. Ein Ersatz mittels US-Flüssiggas wird nicht im ausreichenden Maße funktionieren, und mangels weiterer Alternativen wird dann wohl der Winter 2023/24 noch kritischer werden als der aktuell bevorstehende. Wenn die derzeit regierenden realitätsfremden Ideologen, die scheinbar zu viele Mittelalterfeste besucht haben, ihren Kamikaze-Kurs unbeirrt weiter fahren, dann werden sie Europa in kürzester Zeit zurück in finstere vorindustrielle Zeiten führen – oder noch weiter zurück.

Im Oktober 2022 starteten mehrere Restaurants in Brüssel, dem Zentrum des kollektiven Irrsinns, ein neues Konzept, bei dem sie völlig ohne Strom arbeiteten. Kerzen spendeten Licht, geheizt wurde nicht, und die Speisen wurden auf dem Holzofen nur kurz angebraten, was *Francesco Cury*, Besitzer des Restaurants *„Racines"*, mit folgenden Worten beschrieb: *„Die Idee ist es, zurück zu gehen in das Höhlen-Zeitalter."*[(1)]

Gratuliere! Wenn die Europäer in dem Tempo weitermachen, dann könnten sie im Jahr 2024 bereits zurückgekehrt sein in die Zeit vor dem Urknall.

Eigenverantwortung

Du hast wie immer die Wahl: Entweder Du legst Dein Schicksal in die Hände Deiner Regierung und der Exekutive, oder Du beschließt, eigenverantwortlich zu handeln. Solange Du alleine lebst und nur für Dich selbst verantwortlich bist, spielt es keine große Rolle, wie Du Dich verhältst. Wenn Du jedoch mit Menschen zusammenlebst, die Dir vertrauen und von Dir abhängig sind, dann sieht die Sache anders aus. Wir wurden seit Jahrhunderten darauf trainiert, unser Schicksal in die Hände anderer zu legen. Erst waren es die Kirchen, dann der Sozialstaat, der uns vorgaukelte, unsere Interessen zu vertreten und uns zu beschützen. Und leider gibt es immer noch eine Menge Mitmenschen, die an das Märchen von der verantwortungsvollen Politik zu glauben scheinen. Wenn es wirklich hart auf hart kommen sollte, werden sie vermutlich diejenigen mit den geringsten Überlebenschancen sein.

Vorgestern war ich in einem großen Outdoor-Laden, um noch eine zusätzliche Gaslaterne und mehrere Kartuschen zu kaufen. Der sehr nette und kompetente Verkäufer wollte mich beraten und fragte daher, wofür genau ich sie verwenden wollte. Ich erklärte ihm, dass sie für den Blackout-Fall ist. Er reagierte mit einem Lächeln, das sowohl Mitleid als auch Überheblichkeit ausdrückte. Dann teilte er mir sehr freundlich und ruhig mit, dass so etwas nicht passieren würde. Warum? Weil ein Experte in seinem Lieblings-Radiosender das gesagt hat. Okay! Nun lächelten wir uns gegenseitig bedauernd an, und ich fragte ihn: *„Aber was, wenn doch?“* Er überlegte kurz und antwortete sehr souverän: *„Dann sitz ich eben ein paar Stunden im Dunkeln und lass es geschehen!“*

Ich denke, das spiegelt den Wissensstand der meisten Menschen gut wider. Sie denken, wenn der Strom ausfällt – selbst wenn es großflächig ist –, dann werden die Experten das schon innerhalb kürzester Zeit wieder beseitigt haben, und dann geht alles ganz normal weiter wie gewohnt. Tatsache ist aber, dass ein europaweiter Blackout nicht innerhalb weniger Stunden behoben werden kann. Ich weiß aus internen Quellen, dass die logistische Vorbereitung in Europa so schlecht organisiert ist, dass erst einmal bei den Kraftwerks- und Netzbetreibern sowie auf allen politischen und exekutiven Ebenen komplettes Chaos herrschen wird. Bis alle Krisenstäbe zusammengefunden haben, Experten am richtigen Ort sind, Kommunikationswege funktionieren und die Ursachen klar sind, dürften viele Stunden, vermutlich sogar Tage vergehen.

Danach müsste das europaweite tote Stromnetz in viele kleine Teile entzerrt und aufgeteilt werden. Erst dann könnte man damit beginnen zu überlegen, wie man einzelne Kraftwerke wieder an den Start bekommt. Lediglich einige Wasserkraftwerke sind überhaupt **schwarzstartfähig**. Das bedeutet, dass sie – falls sie unbeschädigt sind – von sich heraus wieder starten können. Falls genügend Wasser vorhanden ist, treibt dies die Turbine wieder an, und das Kraftwerk produziert wieder Strom. Alle anderen großen Kraftwerke aber, egal ob Windräder, Atom- oder Kohlekraftwerke, sind zu einem Schwarzstart nicht in der Lage. Sie brauchen Strom von außen, um wieder hochgefahren werden zu können – viel Strom. Gaskraftwerke können anders als die zuvor genannten mit verhältnismäßig wenig Notstrom wieder hochgefahren werden, aber was nützt das, wenn das Gas dafür fehlt?

Dann müsste man versuchen, den Strom von den Wasserkraftwerken zu einzelnen anderen Kraftwerken zu transportieren, die dann hochgefahren wiederum anderen Erzeugern auf die Sprünge helfen können. Das ist ein komplexer Vorgang, der im großen Stil noch nie durchgeführt wurde.

In einer solchen Situation könnte es mit der bislang geheuchelten europäischen Einigkeit schlagartig vorbei sein. Jedes Land, jede Region wird versuchen, ihr eigenes kleines Stromnetz wieder aufzubauen, und dafür wird man alles verwenden, was man in die Finger bekommen kann. Nun haben beispielsweise die Bayern Gasspeicher in Tirol, und die Slowaken bekamen Gas aus Tschechien. Wie brüderlich werden sie im Kampf ums nackte Überleben dann miteinander umgehen?

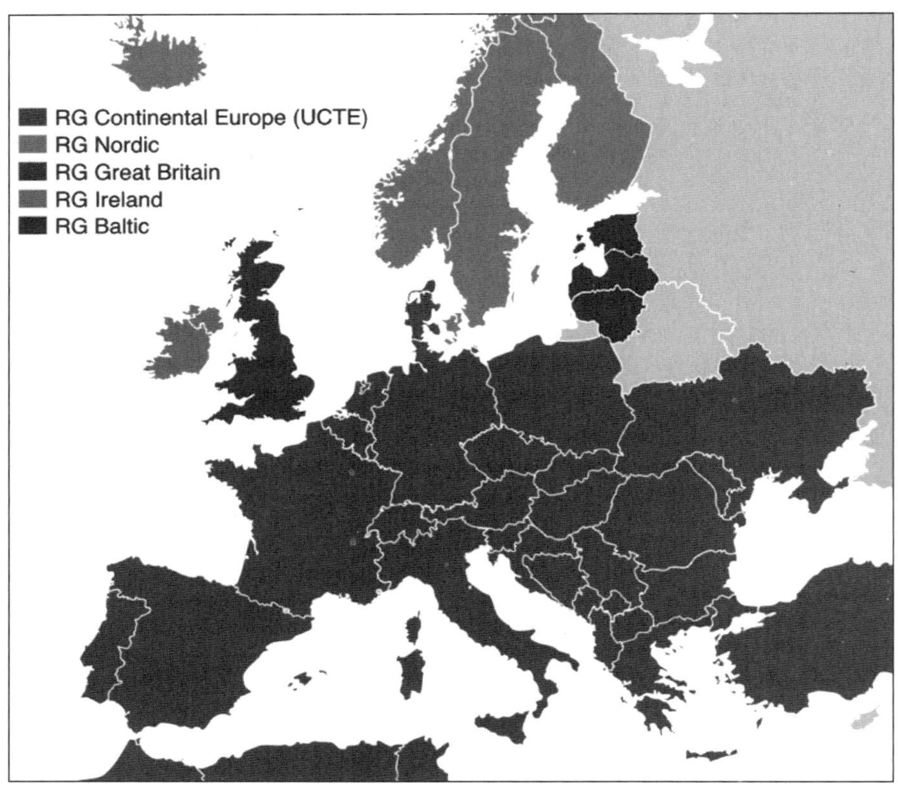

Abb. 1: Das Europäische Verbundsystem reicht von Skandinavien über die Britischen Inseln bis nach Nordafrika und in die Türkei.

Blackout & Brownout

Der Begriff „**Blackout**“ beschreibt einen totalen Stromausfall, der unerwartet auftritt. Dieser komplette Stromausfall kann Stunden, Tage oder Monate dauern, das hängt von der Ursache des Stromausfalls und dem Ausmaß des Schadens am Stromnetz und den Umspannwerken ab. Der Begriff „*to black out*“ bedeutet übersetzt entweder „*verdunkeln*“ oder aber auch „*ohnmächtig werden*“. Auch wenn jemand die Kontrolle über sich verliert, ihm also „*die Sicherungen durchbrennen*“, dann wird dies als „Blackout“ bezeichnet, ebenso wie ein Gedächtnisverlust, etwa auf Grund von zu viel Alkohol. Im Zusammenhang mit einem unerwarteten Stromausfall beschreibt es somit nicht nur das Ausgehen der Lichter, sondern auch den Kontrollverlust über die Infrastruktur.

Zum Blackout kommt es technisch betrachtet, wenn die Spannung, die überall in den Millionen von Kilometern von Stromkabeln zu jeder Zeit bei 50 Hertz liegen muss, abrupt nach oben oder unten abweicht. Dabei kann bereits eine Schwankung von nur 1% den totalen Kollaps hervorrufen. Eine Netzfrequenz von 50 Hertz bedeutet, dass der Strom 50-mal pro Sekunde zwischen Plus- und Minuspol hin und her fließt, also wechselt, weshalb man ihn Wechselstrom nennt. Sinkt die Spannung, weil zu wenig Strom zur Verfügung steht, dann fließt der Strom langsamer. Ein solcher Leistungsabfall kann Schäden an empfindlichen Endgeräten hervorrufen.

Wenn die Betreiber des Verbundnetzes merken, dass die Nachfrage nach Strom zu einem bestimmten Zeitpunkt höher ist als die Menge, die (wenn überhaupt vorhanden) durchgeleitet werden kann, dann droht eine Netzüberlastung, was im Extremfall zu schweren Schäden an der Netzinfrastruktur führen kann.

Deshalb werden die Betreiber bei einer Netzüberlastung absichtlich die Netzspannung drosseln oder Verbraucher vom Netz nehmen, also von der Stromversorgung abtrennen, was man als **„Lastabwurf"** bezeichnet. Meist tun sie dies in einzelnen lokal begrenzten Bereichen, was zu schwächerem Stromfluss führt, was früher zur Folge hatte, dass Glühbirnen nur noch schwach leuchteten, das Licht gedimmt war und flackerte. Es war ein bräunlich-warmes Licht. Dementsprechend wird eine solche Maßnahme auch heute noch als **„Brownout"** bezeichnet. Durch diese Maßnahme verabschieden sich einige Verbraucher automatisch aus dem Netz. Falls das nicht reicht, kann der Lastabwurf auch dadurch verstärkt werden, dass entweder ganze Stadtviertel oder Industriebetriebe vom Netz getrennt werden – zum Schutz des gesamten Netzes.

Dank heute in großer Zahl verbauter „Smart Meter" kann man den Verbrauch der Abnehmer auch gezielt reduzieren, etwa indem man den Haushalten beispielsweise die Wärmepumpen abschaltet. Zu welcher dieser Maßnahmen die Verantwortlichen im Fall der Fälle greifen, um einen Blackout zu verhindern, hängt davon ab, wie viel Zeit ihnen bleibt, also ob sie von einem Spannungsproblem im Netz eiskalt überrascht werden oder ob es sich langsam aufbaut und berechenbar ist. Das ist beispielsweise der Fall bei vorhersehbaren Spitzen, etwa wenn im Winter am frühen Abend ein Großteil der Bevölkerung von der Arbeit heimkommt und nacheinander erst die elektrischen Heizkörper und danach den E-Herd anmacht. Dann kann man den nötigen Lastabwurf gut planen und vorher ankündigen, damit die betroffenen Kunden sich darauf einstellen können.

Das würde man im Englischen dann einen **„Rolling Blackout"** nennen, auf Deutsch wurde dafür der Begriff **„Rollierender Blackout"** geprägt. Ein solcher wurde bereits im Herbst 2022 von der deutschen, der spanischen und der englischen Regierung angekündigt. Sie stellten in Aussicht, dass im kommenden Winter der Strom sicherheitshalber täglich für drei Stunden abgeschaltet werden soll. Dann hätten verschiedene Bezirke oder Regionen zu unterschiedlichen Tageszeiten keinen Strom, wodurch man in der Theorie Verbrauchsspitzen verhindern kann. Den schwarzen Peter haben dann wohl die, denen der Strom von 18 bis 21 Uhr abgestellt wird.

Wenn alle diese Maßnahmen jedoch nicht helfen, das Netz zu stabilisieren, dann kommt es zum **Blackout**. Da heute nahezu alles in der westlichen Welt von Strom abhängig ist, vom Garagentor bis zur Zahnbürste, vom Telefon bis zur Supermarktkasse, wird das unser Leben von einem Moment zum nächsten dramatischer verändern, als wir uns das auch nur ansatzweise vorstellen können. Wie genau diese Veränderung aussieht, hängt für jeden Einzelnen davon ab, wo er sich in dem Moment, in dem alles zusammenbricht, gerade befindet. Je nachdem, ob man beim Joggen im Freien oder in einem dunklen Fahrstuhl eingesperrt ist, wird das Schicksal seinen Lauf nehmen. Dabei werden immer jene im Vorteil sein, die sich auf eine solche Situation vorbereitet haben. Es wird nie möglich sein, alles im Detail vorauszuplanen, aber je besser wir geistig, körperlich und materiell auf ein Katastrophenszenario vorbereitet sind, desto größer sind unsere Chancen, nicht nur zu „über-leben“, sondern sogar weiterhin ein halbwegs angenehmes und menschenwürdiges Leben zu führen.

Der Ernstfall

Katastrophenschützer mahnen schon seit Jahren an, dass wir alle uns Notvorräte anlegen sollten, um uns im Krisenfall für sieben bis zehn Tage komplett selbst versorgen zu können. Im Herbst 2022 gingen mittlerweile immer mehr Experten auf europäischer Ebene und auf nationalen Ebenen von einem großflächigen Blackout aus. Wer genau hinhörte, konnte sich des Eindrucks kaum erwehren, dass er scheinbar unausweichlich war. Ich hatte schon lange zuvor, im Zuge meiner eigenen Vorbereitungen darauf, mit mehreren sachkundigen Menschen gesprochen, die derselben Meinung waren, jedoch insofern optimistisch waren, als sie davon ausgingen, dass ein solches Event „nur wenige Tage" dauern würde, was so klang, als wäre es keine große Sache. Doch selbst wenn wir von dieser „optimistischen" Prognose ausgehen, so werden Vorräte für eine Woche oder zehn Tage vermutlich nicht reichen. Warum?

Sagen wir also, der Blackout wäre nach vier Tagen wieder behoben, das Auftrennen der regionalen Netze wäre problemlos verlaufen, ebenso wie der Schwarzstart der wenigen Wasserkraftwerke, und es wäre gelungen, deren Strom zu den anderen größeren Kraftwerken weiterzuleiten. Und sagen wir weiter, dass genügend Gas und Kohle da wären, weil sie beispielsweise einfach vom Himmel fielen und gleichzeitig die Sonne schien und der Wind wehte, und man das gesamte *Europäische Verbundsystem* ohne Probleme wieder zusammenschließen konnte, dann hätten also am fünften Tag alle Europäer wieder Strom. Was für eine Freude!

Doch halt, da gibt es noch ein kleines Problem, denn die Supermärkte beispielsweise wären mit hoher Wahrscheinlichkeit nicht nur komplett leer, sondern vermutlich auch von Plünderern verwüstet, wie Erfahrungen aus der Vergangenheit nahelegen. In Berlin Friedrichshain kam es beispielsweise im März 2015 zu einem Stromausfall. Bereits Minuten später wurde ein Supermarkt geplündert, und die alarmierten Polizisten wurden sofort nach ihrem Eintreffen an der brennenden Barrikade mit Steinen und Böllern beworfen. [(11)]

Selbst wenn die Supermärkte also am fünften Tag theoretisch wieder aufmachen könnten, so würde es eine ganze Weile dauern, bis sie alles wieder in Ordnung gebracht hätten. Denn selbst wenn wir von den kaputten Scheiben und den zerstörten Kassen und Regalen mal absehen, so wäre da noch eine andere klitzekleine Herausforderung: Sie hätten keine Ware.

Denn mittlerweile wären alle Lieferketten zusammengebrochen, alle verderblichen Waren in Lkw, den Logistikzentren, bei den Herstellern und Verarbeitungsbetrieben wären verdorben und müssten entsorgt werden. Es wird lange dauern, bis alle Tankstellen wieder Treibstoff haben, alle Warenwirtschaftssysteme wieder laufen, alle Bestellungen erneuert sind, die Transportketten wieder anlaufen – falls es die benötigten Waren an den internationalen Märkten überhaupt gibt. Selbst wenn es gelingen sollte, das Stromnetz auf irgendeine Weise dank Einsehen aller Götter wiederherzustellen, so würde es vermutlich Wochen dauern, bis es wieder eine halbwegs flächendeckende Versorgung mit Lebensmitteln, Medikamenten und Hygieneartikeln geben würde, in manchen Bereichen vielleicht sogar Monate. Wenn also Politiker und Katastrophenschützer von einem Blackout von „nur wenigen Tagen“ sprechen, dann verschweigen sie dabei die unausweichlichen Folgen.

Theoretisch müssen kritische Infrastruktur-Einrichtungen wie Krankenhäuser im Blackout-Fall durch eigene Notstromversorgungen abgesichert sein. In Deutschland beispielsweise sind sie aber nur dazu verpflichtet, Dieselreserven für 24 Stunden bereitzuhalten. Doch selbst das werden viele im Ernstfall nicht hinbekommen, wie ein Beispiel aus der jüngsten Vergangenheit verdeutlicht. Im Berliner Bezirk Köpenick wurde am 19. Februar 2019 bei Bauarbeiten die Hauptstromleitung beschädigt, wodurch 32.000 Haushalte, 2.000 Gewerbetreibende und die DRK-Kliniken für mehr als 31 Stunden ohne Strom waren.[(2)] Ja, die Notstromaggregate der Kliniken sprangen an, hielten aber nur 7,5 Stunden durch. Danach war alles finster. Patienten mussten in andere Krankenhäuser verlegt werden. Die würde es aber bei einem großflächigen Blackout nicht geben. Für hunderttausende Patienten in den Kliniken wäre es der absolute Horror. Spätestens nach 24 Stunden wären die Krankenhäuser ein Ort des Grauens.

Der Moment, in dem es so weit ist, wird Dir jedenfalls unvergesslich bleiben. Plötzlich ist das Licht aus, abends wird es stockfinster sein. In Innenräumen fehlen mit einem Mal alle Geräusche. Der Fernseher, das Radio, die Waschmaschine und der Kühlschrank verstummen alle gleichzeitig. Fahrstühle bleiben stecken, U-Bahnen, elektrisch betriebene Busse, Straßenbahnen und Fernzüge – alle bleiben gleichzeitig stehen. Niemand wird wissen warum, und die meisten Menschen werden davon ausgehen, dass es gleich wieder weitergeht. Sie werden keine Informationen erhalten, warten, ungehalten werden. Vielleicht nach einer halben Stunde werden die ersten die Nase voll haben und sich gewaltsam den Weg nach draußen bahnen. Alle Ampeln fallen aus. Es wird an den Kreuzungen zahlreiche Unfälle geben, Streitereien, Schlägereien. In tausenden stockfinsteren Fahrstühlen werden Menschen in Panik geraten. Der Notruf wird vielleicht noch funktionieren, aber es wird Stunden, wenn nicht Tage dauern, bis alle Festgesteckten befreit sind. Schlimm wird es auch für alte und pflegebedürftige Menschen, die ohne Fahrstuhl nicht ins Freie kommen und die niemandem von ihrer Situation berichten können.

In Läden und Supermärkten geht nicht nur das Licht aus, auch die Kassen sind tot und lassen sich nicht mehr öffnen, ebenso wie die Eingangstüren. Wenn es keine manuelle Entriegelung gibt, werden sich die Kunden und Angestellten auch hier gewaltsam den Weg nach draußen bahnen müssen. Wer im Auto sitzt, wird vielleicht noch sein Autoradio anschalten können, es ist jedoch fraglich, ob da noch etwas rauskommt – abhängig davon, wie gut die Notstromaggregate der Sendeanstalten gewartet wurden. Ansonsten wird es keine Informationen geben, außer denen aus den Lautsprechern, die versuchen werden zu beschwichtigen.

Bereits nach der ersten Nacht in Dunkelheit und Kälte werden die Nerven überall blank liegen. Die Stimmung wird rasch kippen. Supermärkte, Geschäfte und Apotheken werden von Plünderern heimgesucht. Wenn es ums nackte Überleben geht, fallen sehr schnell alle Masken. Ich habe das selbst mehrfach in den USA erlebt. Das Beste in einer solchen Situation ist es, aus der Schusslinie zu gehen, sich unsichtbar zu machen und erst wieder nach draußen zu gehen, wenn der erste Staub sich gelegt hat und wieder ein wenig Ruhe einkehrt. Genau dafür sollte man vorbereitet sein!

Ich möchte nun nicht seitenlang ausführen, wie sich das Ganze weiterentwickeln wird, da dies reine Spekulation wäre. Zum einen hängt dies davon ab, wann es wieder eine flächendeckende Stromversorgung geben wird, zum anderen wird es große Unterschiede geben, je nachdem, ob man sich in der Stadt oder auf dem Land aufhält. Auch kulturell bedingte abweichende Verhaltensweisen machen einen Unterschied. Fest steht jedoch: Je länger der Ausnahmezustand dauert, desto gravierender werden die gesellschaftlichen Verwerfungen sein. Sicher ist, dass die Millionen von Zuwanderer aus Kriegs- und Bürgerkriegsgebieten den alteingesessenen und verweichlichten Europäern überlegen sein werden, denn sie sind den Überlebenskampf gewohnt und werden sich daher zu helfen wissen.

Ich habe im Mai 1992 vor Ort hautnah die sogenannten „L.A. Riots“ miterlebt. Das waren Unruhen, die im Süden von Los Angeles ausbrachen, nachdem weiße Polizisten wegen Brutalität an einem Schwarzen vor Gericht kamen und dann freigesprochen wurden. Aus dem afroamerikanischen Viertel South-Central zogen wütende Menschengruppen los, mit dem spontanen Ziel, die reichen Gegenden der Weißen zu erreichen, um sich dort Luft zu machen. Doch auf dem Weg dorthin mussten sie durch mehrere andere ärmere Viertel, wie „Korea-Town“, ein vorwiegend von Koreanern bewohntes Viertel, in dem sie in einer Art Blutrausch Menschen töteten und Häuser und Geschäfte niederbrannten. Innerhalb weniger Stunden breitete sich ein offener Rassenkonflikt zwischen Schwarzen, Weißen, Asiaten und Hispanics auf andere Großstädte im Land aus. Es gab zahlreiche Tote, tausende Verletzte und unzählige ausgebrannte Autos und Geschäfte.

Ich erwähne das deshalb, weil ich live und in Farbe miterlebt habe, dass Menschen, die sich in emotionalen Ausnahmezuständen befinden, oft nicht mehr zwischen Freund und Feind unterscheiden können. Die Afroamerikaner aus South-Central kamen nie in den Vierteln der reichen Weißen an, weil sie sich auf dem Weg dahin an anderen Minderheiten, die eigentlich im selben Boot wie sie saßen, völlig verausgabt hatten.

Solche unterdrückten Rassenkonflikte und ethnische Auseinandersetzungen gibt es auch mancherorts in Europa. Alles, was sie in Schach hält, ist eine halbwegs funktionierende Exekutive und Überwachung. Wenn aber alle Kameras und Alarmanlagen ausgefallen sind und die Polizei Wichtigeres zu tun hat, dann ist die Gefahr groß, dass neben der Beschaffungskriminalität auf Grund von Hunger und Durst auch andere schwelende Konflikte plötzlich und hemmungslos ausbrechen.

Ein Blackout von „nur wenigen Tagen“ ist also wesentlich mehr als nur ein kurzer Stromausfall. Das ist ein Szenario, das alles komplett auf den Kopf stellen kann. Je länger es anhält, desto gravierender werden seine Folgen sein. Die häufigsten Todesursachen in den ersten Blackout-Tagen sind immer Herzinfarkte und Unfälle, bei längerer Dauer sind es dann vor allem nicht behandelte Krankheiten, Verhungern, Verdursten und die Folgen zunehmender Gewalttaten, also Mord und Totschlag.(3) Experten haben Statistiken ausgewertet und Modelle erstellt, die zu dem Schluss kommen, dass nach einem Jahr ohne Strom in den USA nur noch 10% der Bevölkerung übrig wären.(4) Wenn wir das mit dem Beispiel Puerto Ricos vergleichen, sehen wir deutlich, dass der sogenannte „zivilisierte Westen“ im Katastrophenfall deutlich im Hintertreffen ist.

Und bevor wir uns nun der richtigen Vorbereitung und Vorsorge zuwenden, möchte ich noch kurz das Thema „arbeiten während eines Blackouts“ ansprechen. Denn wenn die Firma, für die Du arbeitest, nicht über eine ausreichende Notstromversorgung verfügt, dann wird es Dir folglich vermutlich auch nicht möglich sein, während eines Blackouts Deiner Arbeit nachzugehen. Laut Auskunft der Berliner Rechtsanwältin für Arbeitsrecht, Alicia von Rosenberg, nennt man das „Betriebsstörung“. Das Gesetz sieht dafür vor, dass *„der Arbeitnehmer von seiner Leistungspflicht befreit wird“*, also nicht arbeiten muss. In dem Fall bleibt der Arbeitgeber *„zur Lohnfortzahlung verpflichtet“*. Ich persönlich würde aber sicherheitshalber vorab meinen Arbeitgeber darauf ansprechen und abklären, ob eine ausreichende Notstromversorgung vorliegt, um mir nachträglichen Ärger zu ersparen.(5)

TEIL 2 – Die Vorbereitung

In diesem Kapitel geht es darum, sich entsprechend vorzubereiten, um zumindest einen Monat ohne externen Strom überleben zu können – selbst im Winter. Ich persönlich kenne auch umsichtige Menschen, die so vorgesorgt haben, dass sie ihr Grundstück im Katastrophenfall auch für mehrere Monate nicht verlassen müssen, weil sie alles Nötige, von Lebensmitteln bis hin zum Heizmaterial, im ausreichenden Maße eingelagert haben.

Grundsätzlich denke ich, dass alles, was man JETZT kauft, ein guter Kauf ist, unabhängig vom Preis der Waren. Da wir uns im Jahr 2022 mit großen Schritten der Hyperinflation nähern, werden dieselben Waren nämlich in zwei oder drei Monaten vermutlich bereits um einiges teurer sein. Abgesehen davon muss man Ende 2022 froh sein, wenn man bestimmte überlebenswichtige Artikel überhaupt noch bekommt.

Prinzipiell sind natürlich all jene, die ein eigenes Haus haben und über viel Platz verfügen, im Vorteil – ebenso all jene, die sich außerhalb von Großstädten befinden und über kühle, aber frostfreie Lagermöglichkeiten verfügen, die stromunabhängig sind, wie einen Erdkeller oder einen kühlen Kellerraum im Haus. Dort kann man sowohl lang haltbare Lebensmittel lagern als auch Obst und Gemüse.

Doch selbst in einer kleinen Stadtwohnung ist es möglich, sich ausreichende Vorräte anzulegen. Dazu brauchst Du nicht mehr als ein Regal oder mehrere Regale, die Du in Kunststoff- oder Metallausführungen in allen Baumärkten bekommst, manchmal sogar in Supermärkten. Es gibt sie (zumindest momentan noch) in allen Preisklassen. Die beste Raumauslastung erreichst Du mit „Schwerlastregalen“, die man bis hoch zur Decke ziehen und nahezu unbegrenzt beladen kann. Wer aus Platzgründen seine Lebensmittelvorräte im bislang beheizten Wohnzimmer lagern muss, sollte natürlich zu Produkten greifen, die nicht kühl gelagert werden müssen.

Das Ausmaß Deiner persönlichen Vorsorge hängt im Grunde von drei Faktoren ab:

1. von Deiner Überzeugung und Entschlossenheit,
2. von Deinen finanziellen Möglichkeiten,
3. von dem verfügbaren Platzangebot.

Dein sicherer Ort

Bevor Du damit beginnst, Vorräte anzulegen, solltest Du Dir die alles entscheidende Frage stellen: **Wo** möchte ich im Falle eines lange andauernden Blackouts eigentlich sein? Für all jene, die ohnehin in einem Haus auf dem Land leben, ist die Frage bereits beantwortet. Wer jedoch in einer Wohnung in der Großstadt lebt und ein Wochenend- oder Ferienhaus oder ein Apartment irgendwo anders hat, muss sich überlegen, ob er im Krisenfall dort hin möchte oder ob er lieber in der Stadt bleibt – was ich persönlich für die schlechtere Option halte. Doch auch wer kein Feriendomizil sein Eigen nennt, sollte sich diese Frage ernsthaft stellen und alle möglichen Optionen durchspielen, am besten schriftlich: *Wen kenne ich, der auf dem Land lebt und idealerweise ein freies Zimmer und einen Garten hat? Und wäre ich dort sicherer, besser versorgt und besser verpflegt?*

Schreib alle Freunde, Bekannten und Familienmitglieder, die Dir einfallen, auf einen Zettel, und dann spüre in Dich hinein, wohin es Dich zieht. Sei realistisch und ehrlich zu Dir selbst, denn nicht in allen Fällen wird es eine gute Idee sein, bei der eigenen Familie unterzukriechen. Wenn Du den Kreis derer, die in Frage kommen, eingeschränkt hast, kontaktiere sie und frage nach, ob Du im Falle eines Blackouts zu ihnen kommen darfst. Wenn es sich nicht um die engste Familie handelt, ist es vielleicht sinnvoll, ihnen eine Gegenleistung anzubieten – also etwas, das Du besonders gut kannst. Das kann Hilfe im Haushalt oder im Garten sein, schneidern, Haare schneiden, Maschinen reparieren, was auch immer. Scheue Dich auch nicht davor, Dir einen Korb zu holen oder ausgelacht zu werden. Es ist gut, alle Beziehungen vorab abzuklären, denn am Tag X musst Du zu 100% wissen, auf wen Du Dich verlassen kannst und auf wen nicht. Solltest Du unschlüssig sein, lass es. Dann musst Du das alleine durchstehen. *Mit der richtigen Vorbereitung schaffst Du das!*

Solltest Du also entscheiden, den Katastrophenfall nicht in Deiner Wohnung in der Stadt aussitzen zu wollen, dann solltest Du Deine Vorbereitungen an diesem anderen Ort treffen, in Absprache mit den Personen, die Dir dann Unterschlupf gewähren werden. Dasselbe gilt für all jene, die planen, im Katastrophenfall den geordneten Rückzug zu ihrem Zweitwohnsitz anzutreten.

Warum? Weil im Falle eines Blackouts bereits nach 48 Stunden in den Städten Chaos und Anarchie herrschen werden. Weder Polizei noch Militär werden in der Lage sein, die öffentliche Ordnung in kürzester Zeit wiederherzustellen. Wenn hunderttausende oder mehrere Millionen Menschen hungern und frieren, begünstigt die Anonymität einer Großstadt eine rabiate Ellenbogenmentalität. Dann fallen alle Hemmungen. Nicht nur in sogenannten „Problemvierteln“ werden marodierende Banden plündernd durch die Straßen ziehen, selbst in „besseren“ Vierteln wird Panik und Verzweiflung herrschen, auch weil der ärmere Teil der Bevölkerung dorthin strömen wird, wo er mehr Reserven vermutet.

In kleineren Städten oder gar in dörflichen Strukturen, wo jeder jeden kennt, wird der Zusammenhalt größer und die Sicherheit eher gewährleistet sein. Zudem ist dort, wo es Bauern und Jäger gibt und wo viele Menschen Gemüsegärten haben, die Not deutlich geringer. Im Idealfall gehst Du dorthin, wo Du Menschen kennst, wo Du nicht anonym bist.

Dein Fluchtplan

Wenn Du also im Katastrophenfall die Großstadt verlassen möchtest, ist das Wichtigste, jetzt einen realistischen Plan zu entwerfen, wie Du diesen **Fluchtort am Tag X erreichen** kannst. Bedenke, dass es keine öffentlichen Verkehrsmittel geben wird, weder Flugzeuge noch Bahnen oder Busse. Falls Du also kein eigenes fahrtüchtiges und aufgetanktes Auto hast, dann bleiben Dir nur noch das Fahrrad oder zu Fuß zu gehen. Wenn Du den Weg dahin nicht sehr gut kennst, leg Dir eine analoge altmodische Landkarte parat, die das dafür nötige Gebiet abbildet. Alternativ kannst Du im Zuge Deiner Vorbereitung auf *GoogleMaps* im Routenplaner Deinen Startpunkt und Deine Zieladresse eingeben und oben in der Leiste als Verkehrsmittel **„Zu Fuß“** oder **„Fahrrad“** anklicken, dann erhältst Du die kürzeste Wegstrecke. Drucke diesen Plan aus, und zwar so groß und detailliert wie möglich, sodass idealerweise jede einzelne Ortschaft darauf zu erkennen ist. Das kann Dir im Notfall sehr viel Zeit und Kraft sparen. Stecke diese Karte(n) in eine transparente Kunststoffhülle oder schweiße sie ein. Verstaue sie in Deinem Notfallrucksack, auf den wir noch zu sprechen kommen.

Dasselbe gilt übrigens auch, wenn Du planst, Deinen Fluchtpunkt **mit dem Auto** zu erreichen. Navigationssysteme (GPS) sollten eigentlich weiterhin funktionieren, solange Dein Empfangsgerät geladen ist, aber woher sollen die Systeme wissen, ob Straßen, Brücken, Bahnübergänge und so weiter kurzfristig gesperrt wurden? Lange Tunnel werden bei Stromausfall übrigens wegen mangelnder Lüftung fast immer (meist auch mit Schranken) gesperrt – dafür solltest Du Dir also eine Umfahrungsroute überlegen. Also: Auch wenn das Navi im Auto weiterhin funktioniert, würde ich immer zur Sicherheit zusätzlich auf eine klassische, altmodische analoge Straßenkarte setzen.

Wenn geklärt ist, wo Du einen möglichen Blackout aussitzen wirst, dann solltest Du umgehend damit beginnen, dort Deine Vorbereitungen zu treffen und Vorräte anzulegen. Im Zuge dessen musst Du die Fluchtroute ohnehin abfahren – idealerweise nimmst Du unterschiedliche Strecken, um Dich mit den Alternativen vertraut zu machen.

Stelle sicher, dass Dein Fluchtauto oder -motorrad immer voll aufgetankt und einsatzfähig ist. Falls Du **mit dem Rad fliehen** willst, würde ich dazu raten, es nicht auf der Straße stehen zu lassen, damit Du sicher sein kannst, dass es noch da ist und funktioniert, wenn Du es dann spontan brauchst.

Falls Du zu Fuß fliehst und nicht über Erfahrung verfügst, bist Du in kritischen Situationen prinzipiell in einer größeren Gruppe besser aufgehoben, als wenn Du auf Dich allein gestellt bist. Gewaltbereite Personen werden sich nämlich vermutlich eher an Einzelpersonen oder kleine Gruppen heranwagen. Auf der anderen Seite bist Du auf der Flucht alleine schneller und unauffälliger. Eine Gruppe ist nur so gut wie ihr schwächstes Mitglied. Daher ist es wichtig, die Langsameren zu entlasten, zu motivieren und zu unterstützen, damit sie über sich hinauswachsen können.

Um notwendige rasche Entscheidungen treffen zu können, benötigt jede Gruppe einen Anführer. Natürlich können konstruktive Ideen von allen Mitgliedern hilfreich sein, aber wenn es in der Gruppe Personen gibt, die immerwährenden Diskussionsbedarf haben, dann ist es oft sinnvoller, sich von diesen Querschießern zu trennen – zum Wohle der restlichen Gruppenmitglieder.

Vermutlich wirst Du im Krisenfall aber spontan und intuitiv entscheiden müssen, ob Du Dich alleine durchschlägst oder einer Gruppe anschließt, die dasselbe Ziel hat.

Dein Fluchtrucksack

Wer im Notfall seinen sicheren Zielort zu Fuß oder mit dem Fahrrad erreichen muss, wird um einen Rucksack nicht herumkommen. Darin sollten sich, neben der vorbereiteten analogen Landkarte, zumindest Essensvorräte und eine Flasche Wasser, ein Verbandskasten, ein Messer und Deine wichtigsten Dokumente wie Reisepass, Geburtsurkunde und Bankunterlagen befinden (zumindest als Kopie). Falls Du mit dem Fahrrad fliehst, solltest Du auch noch Flickzeug einpacken und an eine Fahrradpumpe denken. Wenn Du mehr als einen Tag unterwegs sein wirst, brauchst Du zudem unbedingt ein Zelt und einen Schlafsack. Natürlich kannst Du Deinen Fluchtrucksack auch noch, an Deine Bedürfnisse angepasst, um einiges erweitern (Stirnlampe, Batterien usw.), bedenke jedoch das Gewicht.

Ich habe in meinen besten Outdoor-Zeiten einen Rucksack mit bis zu 20 kg Gewicht auf dem Rücken getragen, auch für mehrere Tage, was aber ungeübten Wanderern nicht zu empfehlen ist. Ich würde Dir daher dringend empfehlen, Deinen Rucksack so bald wie möglich vollständig nach Deinen Vorstellungen zu packen und dann damit eine ausgiebige Wandertour zu machen. Dann merkst Du rasch, ob Du noch mehr tragen könntest oder Ballast abwerfen und den Inhalt optimieren musst. Außerdem kannst Du dabei alle Gurte und Riemen optimal einstellen.

Wenn Du noch keinen Rucksack hast, dann rate ich Dir, Dich in einem Fachgeschäft beraten zu lassen, weil es wichtig ist, dass das Gepäckstück genau zu Deiner Körperform passt, also nicht drückt oder scheuert. Ich rate deshalb auch dazu, nicht den billigsten Rucksack aus dem Supermarkt zu nehmen, weil deren Tragekomfort und Stabilität in der Regel zu wünschen übrig lässt. Wenn Du im Katastrophenfall fliehen musst, dann ist der situationsbedingte Stress bereits groß genug, dann kannst Du weder einen wundgescheuerten noch einen schmerzenden Rücken brauchen. Für einen guten Rucksack wirst Du mindestens 100 Euro investieren müssen, für einen sehr guten Rucksack sogar noch um einiges mehr. Die Investition wird sich aber auf jeden Fall lohnen, weil Dir das gute Stück für viele Jahre ein treuer Begleiter sein wird.

Abb. 2: Flucht- bzw. Notfallrucksäcke kann man bereits fertig befüllt kaufen. Es gibt sie für eine oder mehrere Personen, die dann das Wichtigste enthalten wie beispielsweise Wasserfilter, Multifunktionswerkzeug, Trockennahrung, Erste-Hilfe-Set, Kurbelradio mit Taschenlampe, Zelt, Isomatte, Schlafsack, tragbarer Herd usw. Es gibt verschiedene Anbieter für Fluchtrucksäcke in den verschiedensten Größen- und Preiskategorien.

TEIL 3 – Vorräte

Wasser

Unser Körper besteht altersabhängig zu 55-70% aus Wasser, unser Blut zu 90%. Wenn wir mehr Wasser verbrauchen, als wir unserem Körper zuführen, kommt es zur Dehydrierung. Das Blut dickt ein, und die Fließgeschwindigkeit verringert sich, was zu schlechterer Versorgung mit Sauerstoff und Nährstoffen führt. Zudem wird die Nierenfunktion eingeschränkt, wodurch Gifte immer schlechter aus dem Körper ausgeschieden werden können. Die ersten Anzeichen sind Kopfschmerzen, Müdigkeit, Konzentrationsstörungen und Schwindel. Verwirrtheit, Herzrasen, Muskelkrämpfe und Muskelzittern sind bereits Anzeichen extremer Dehydrierung, die lebensbedrohlich ist. Kurz gesagt: Wasser ist der Schlüssel zum Überleben. Der Mensch kann nachweislich wochenlang ohne Nahrung überleben, aber nur wenige Tage ohne Wasser.

Wenn der Strom ausfällt, kommt auch nach kurzer Zeit kein Wasser mehr aus dem Hahn. Um das **Trinkwasser** aus dem Wasserwerk zu Dir nach Hause zu pumpen, muss in den Leitungen ein hoher Druck herrschen, in der Regel zwischen 4 und 8 bar. Die Pumpen, die diesen Druck erzeugen, der das saubere, frische Wasser auch bis in den obersten Stock eines Wolkenkratzers fließen lässt, werden mit Strom betrieben. Mit dem Strom fallen während eines Blackouts also auch die Pumpen aus, der Druck in den Leitungen lässt rasch nach, und nach etwa 30 bis 120 Minuten (je nach Standort) kommt kein Wasser mehr aus dem Hahn. Falls Du zuhause bist, besteht einer Deiner ersten Schritte im Falle eines Blackouts darin, den **Kaltwasserhahn an der Badewanne aufzudrehen** und so lange laufen zu lassen, bis die Badewanne voll ist. Damit hast Du Dir schon einmal zwischen 150 und 180 Liter Trinkwasser gesichert, je nach Größe der Badewanne. Währenddessen solltest Du auch noch so viele verschließbare Behälter wie möglich füllen, wie beispielsweise Flaschen oder Faltkanister. Auf diese Weise bleibt das Wasser sauberer und ist mobil einsetzbar. Alternativ kannst Du notfalls auch saubere Eimer verwenden – Hauptsache Du bunkerst so viel Trinkwasser wie möglich.

Jugendliche und Erwachsene sollten laut Wissenschaft pro Tag **30 bis 40 ml Wasser pro Kilogramm Körpergewicht** zu sich nehmen. Für einen erwachsenen Mann mit 80 Kilo Lebendgewicht wären das folglich rund 2,5 bis 3 Liter pro Tag. Hochgerechnet auf einen Monat, wären das also 75 bis 90 Liter **Trinkwasser**, was bei einer dreiköpfigen Familie rund 220 bis 250 Liter wären. Ich persönlich komme auch mit 2 Litern gut aus, aber jeder von uns weiß selbst, wonach sein Körper verlangt.

Die einfachste und eleganteste Lösung des Problems für alle, die genügend Platz haben, ist die Einlagerung einer ganzen Palette Mineralwasser in 1-Liter-Glasflaschen. Bei der Marke *Vöslauer* Mineralwasser beispielsweise wären das 384 elegante 1-Liter-Flaschen mit einem Gesamtgewicht von 704 kg und den Maßen 149 x 80 x 120 cm. Eine solche Palette, die zirka 320 Euro plus Lieferung kostet, kann man einmalig anliefern und im Keller deponieren lassen, dann hat man für mehrere Wochen Ruhe – es sei denn, Du willst Dich mit dem Trinkwasser auch waschen und Dir regelmäßig damit die Zähne putzen.

Wer für solchen Luxus weder den Platz noch das Budget hat, kann Ähnliches natürlich in beliebigen Ausmaßen auch mit Trinkwasser in 1,5-Liter-PET-Flaschen machen. Sie sind leichter zu stapeln wenn sie als 6er-Träger verpackt sind. Es gibt im Getränkehandel auch recht günstige **5-Liter-Trinkwasserkanister**, die sich in liegender Form halbwegs gut stapeln lassen. Wenn so ein 5-Liter-

Behälter dann leer ist, kann man ihn gut dafür verwenden, im Bedarfsfall zusätzliches Wasser nach Hause zu bringen, denn neben dem Trinkwasser benötigen wir noch Brauchwasser, vor allem für die Toilettenspülung und zum Geschirrspülen.

Wer aus logistischen Gründen nicht hunderte Liter Wasser bunkern kann, der kann **Wasserfilter** nutzen, um aus jeglicher Form von Wasser, ob aus der Regentonne oder dem nahen Fluss, sauberes Trinkwasser zu erzeugen. Ein großes Problem im Blackout-Fall ist zudem, dass wir nicht wissen können, wie lange er dauern wird. Selbst wenn Du alles perfekt für einen Monat geplant hast – was machst Du, wenn er dann doch sieben, acht oder zehn Wochen dauert? Da Ortswasser, unabhängig von offiziellen Behauptungen, ohnehin oft von zweifelhafter Qualität und mit Pflanzenschutzmitteln und Medikamenten verunreinigt ist, kann ich jedem nur ganz grundlegend dazu raten, sich einen guten Wasserfilter zuzulegen. Natürlich kannst Du schmutziges Wasser auch mit Hilfe eines Kaffeefilters grob vorreinigen und danach abkochen – falls Du eine Kochmöglichkeit (und ausreichend die dafür benötigte Energie) hast. Einfacher, schneller und sicherer ist immer ein Wasserfilter.

- Viele von uns haben ohnehin bereits Wasserfilter im Haus, wobei **Einbaufilter**, die zwischen Wasseranschluss und Wasserhahn angeschlossen sind, im Krisenfall wenig Wert haben.
- Besser sind sogenannte **Standfilter,** die frei stehen. Man füllt oben Wasser ein, es sickert langsam durch mehrere Filterkartuschen hindurch und am Ende erhält man sauberes Wasser, das oftmals auch von Chemikalien und Medikamentenrückständen gereinigt ist. Dies ist eine gute Lösung, sowohl für „normale“ als auch für schwierige Zeiten.
- Die preiswerteste und platzsparendste Lösung für den Notfall sind **„mobile Wasserfilter“**, wie sie für Camping- und

Outdoor-Aktivitäten genutzt werden. Mittels einer einfachen Handpumpe kann man je nach Modell eintausend Liter Schmutzwasser und mehr in Trinkwasser verwandeln, und das teilweise schon für unter 50 Euro. Ich würde jedoch dazu raten, auf bewährte und erprobte Modelle zu setzen und immer die Kundenrezensionen auf den Internetportalen zu lesen. Der *Katadyn Hiker Pro* beispielsweise ist derzeit ab 74 Euro zu haben und der oft als der beste mobile Wasserfilter überhaupt bezeichnete *MSR® Guardian Purifier* ab 340 Euro.[18]

- Wenn man unterwegs ist, dann ist eine **Trinkflasche mit Filter** wohl die effizienteste Lösung. Die meisten arbeiten mit Hohlfasermembranen und verwandeln selbst Wasser aus Tümpeln in Trinkwasser. Es gibt eine große Auswahl, daher rate ich dazu, genau zu recherchieren.[6] (Abb. 3)
- Wenn Du keinen Filter hast und Wasser nicht abkochen kannst, dann sind **Wasserreinigungstabletten** eine effektive Methode, um Keime und Bakterien aus klarem Wasser zu entfernen. Sie machen es für bis zu 6 Monate haltbar. Außerdem haben die Tabletten selbst eine Haltbarkeit von bis zu 10 Jahren. Trübes Wasser muss zuvor mit einem Tuch oder einem Kaffeefilter gereinigt werden. *Katadyn Micropur Classic MC 10T* beispielsweise funktioniert auf Silberionen-Basis, und man bekommt es in Apotheken und Onlineshops. Eine Tablette reicht für 10 Liter. Eine Packung mit 40 Tabletten beschert Dir also 400 Liter Trinkwasser und ist bereits ab 35 Euro zu bekommen – das sind knapp 9 Cent pro Liter! *Oasis Wasserreinigungstabletten* (von Highlander) funktionieren auf Chlorbasis. Eine Tablette reinigt einen Liter Wasser, und die Packung mit 50 Tabletten habe ich aktuell für 9 Euro gefunden, das macht 18 Cent für einen Liter.

Neben dem, was wir trinken, benötigen wir noch **Brauchwasser**, also sauberes Wasser, das aber keine Trinkwasserqualität haben muss beziehungsweise von dem wir nicht sicher sein können, ob wir es trinken sollten. Wenn es aus einem Fluss, Bach oder See irgendwo in Europa kommt, ist es vermutlich nicht stark gesundheitsgefährdend und kann zum Wäschewaschen, für die Körperhygiene und zum Geschirrspülen verwendet werden. Wenn aus der Leitung kein Wasser mehr kommt, dann gilt das auch für den Spülkasten der Toilette. Er bleibt nach der ersten Benutzung leer. Wer sein Geschäft dann weiterhin in den eigenen vier Wänden verrichten möchte, muss also für ständigen Wassernachschub sorgen. Pro Spülung werden, je nach Modell des Kastens, zwischen 5 und 10 Liter Wasser verbraucht. Bei zwei „großen" Toilettengängen pro Person und Tag macht das bei einer dreiköpfigen Familie immerhin bereits 30 bis 60 Liter Wasser, die Du täglich allein nur für die **Toilettenspülung** bereitstellen musst.

Wer keinen eigenen Brunnen mit Handpumpe hat, wird also ordentlich schleppen und viele Kilometer zurücklegen müssen. An der Stelle kommen wieder die zuvor angesprochenen 5-Liter-Trinkwasserbehälter ins Spiel, die – anders als Eimer – verschließbar sind. Denn wenn Du unter Einsatz Deiner letzten Kräfte das Wasser für die Sitzungen Deiner Liebsten nach Hause schleppst, möchtest Du dabei möglichst wenig vergießen. Rechne Dir aus, wie lange Du zum nächsten Gewässer und zurück brauchst. Wenn es beispielsweise 10 Minuten pro Richtung sind und Du zwei solcher Behälter tragen kannst, dann benötigst Du für das Heranschaffen von 10 Litern Spülwasser eine knappe halbe Stunde. Bei einem 60-Liter-Verbrauch bist Du demnach bereits täglich drei Stunden ausschließlich damit beschäftigt, die Toilettenspülung am Laufen zu halten. Daraus folgt: Je mehr Wasser Du in der Vorbereitungsphase bunkern kannst, desto besser.

Eine andere Lösung besteht darin, das „Geschäft“ in Müllbeuteln zu verrichten, indem Du den Beutel in die Klomuschel hineinlegst und über den Rand ziehst. Der Rest ist bekannt. Danach verschließt Du den Beutel gut und bringst ihn zum Abfall. Da jedoch bei einem längeren Stromausfall auch die Müllabfuhr außer Gefecht ist, wird es nach einiger Zeit ein zweifelhaftes Vergnügen sein, den Müllraum auch nur zu betreten. Wenn das Heranschaffen von Wasser für Dich aber mühsam ist, wäre dies die deutlich einfachere Lösung. Bedenke jedoch, dass Du dafür **viele Müllbeutel** vorrätig haben musst. Wenn Du nicht mit jedem einzelnen Beutel zum Müll laufen willst, wäre vielleicht die geruchsfreie Zwischenlagerung in einem Windeleimer sinnvoll.

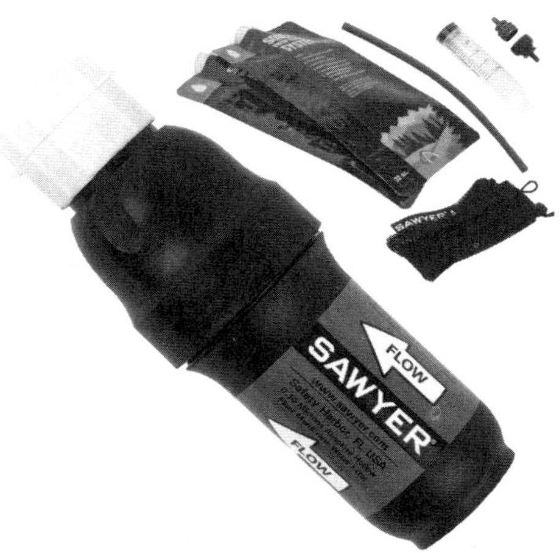

Abb. 3: Beispiel eines tragbaren Wasserfilters: Er enthält einen Mikron-Hohlfasermembran-Inline-Wasserfilter und entfernt mehr als 99% aller Bakterien und 99% aller Protozoenzysten.

Nahrung

Generell sollten wir immer danach trachten, uns ausgewogen und gesund zu ernähren. In Krisenzeiten, ohne kontinuierlichen Nachschub von außen, ist das jedoch schwierig. Die Erfahrungen unserer Vorgängergenerationen aus der Kriegs- und Nachkriegszeit belegen aber, dass Menschen mit ausgeprägtem Überlebenswillen auch längere Zeit mit sehr einseitiger oder eingeschränkter Ernährung überleben können, auch ohne Schäden davonzutragen. Wir sind also ganz generell wesentlich strapazierfähiger, als wir bislang wussten. Dennoch sollten und wollen wir auch im Falle eines Blackouts regelmäßig ausreichend essen, was vor allem für Kinder wichtig ist. Je kleiner sie sind, desto schwieriger ist es, ihnen zu vermitteln, warum sie jetzt plötzlich hungern sollen, wenn sie sonst feste Essenszeiten hatten. Ein totaler Verlust der gewohnten Strukturen könnte für sie sehr traumatisch sein, aber auch für die Eltern viel unnötigen Stress bedeuten.

Ich halte es für sinnlos, Kalorien-Tabellen zu erstellen, denn wer sich bislang nicht damit beschäftigt hat, wird es auch künftig nicht tun, und denjenigen, die darauf fixiert sind, kann ich ohnehin nichts Neues anbieten. Ich möchte jedoch darauf hinweisen, dass wir im Falle des Überlebenskampfes in kalter und unwirtlicher Umgebung einen höheren Kalorienverbrauch haben, als wir das bislang gewohnt sind. Wer Wasser in Eimern nach Hause schleppen und Holz hacken muss, verbrennt deutlich mehr als jemand, der sonst den ganzen Tag über vor dem Laptop sitzt und sich seine Getränke nach Hause liefern lässt.

Wenn Du Dir Lebensmittelvorräte für Krisenzeiten anlegst, so wird neben Deinen Lagermöglichkeiten und Deinem Budget auch

Dein bisheriges Essverhalten eine entscheidende Rolle spielen. Ernährung ist ein heikles Thema, weil es dazu sehr viele unterschiedliche Meinungen gibt, gerade in der heutigen Zeit. Die einen verdammen Fleisch ganz generell, die anderen halten es für unverzichtbar, wiederum andere unterscheiden nach der Farbe des Fleisches oder machen den Bedarf von der Blutgruppe abhängig.

Die Palette der Essgewohnheiten und Bedürfnisse reicht also vom „Fleischfresser“ zum Vegetarier, über Vegane bis hin zu Rohköstlern. Es gibt Menschen, die Bio bevorzugen, andere wollen koscheres oder halales Essen. Es ist jedoch egal, wie Du Dich bislang ernährt hast, denn eines steht fest: Wenn der Strom für längere Zeit weg ist und die Lieferketten dauerhaft unterbrochen sind, dann wirst Du das essen, was Du in die Finger bekommst, oder Du wirst verhungern.

Alles, was ich in diesem Abschnitt tun kann, ist Dir Anregungen zu geben. Du selbst musst dann entscheiden, welche Lebensmittel Du in Deinen Krisenvorrat aufnehmen möchtest und welche nicht. Dazu kommt noch die Verfügbarkeit. Was ist in dem Moment, in dem Du mit Deinen Vorbereitungen beginnst, überhaupt noch zu bekommen – oder zu vernünftigen Preisen erhältlich? Natürlich macht es wenig Spaß, sich mit Nahrungsmitteln einzudecken, von denen man von vornherein weiß, dass sie einem nicht schmecken und die man nur kauft, weil sie nahrhaft und lange haltbar sind. Essen sollte möglichst Nahrung für Körper, Geist und Seele sein, und wir sollten es immer genießen und dankbar dafür sein. Ich bin der Meinung, dass es nicht nur darum gehen sollte, Krisenzeiten zu *überleben*. Unsere Zeit hier in dieser Inkarnation ist begrenzt, und wir sollten aus jedem Tag das Bestmögliche machen, unabhängig von den äußeren Bedingungen.

Generell ist es ratsam, einen Mix zu finden, also etwa Nahrungsmittel, die man kalt essen kann und solche, die man erhitzen oder kochen muss. Manche abgepackte Nahrungsmittel sind jahrelang haltbar, andere nur wenige Monate – die solltest Du vor Eintritt des Krisenfalls regelmäßig kontrollieren und sie vor dem Ablaufdatum verbrauchen und durch neue ersetzen.

Meist ist konservierte Nahrung viel länger haltbar, als es das Ablaufdatum angibt, einige Wochen oder in manchen Fällen auch Monate drüber spielen oft keine Rolle. Du kannst feststellen, ob sie noch genießbar ist, indem Du daran riechst und danach ein klein wenig kostest. Wenn sie schimmelt, seltsam verfärbt ist, übel riecht oder schmeckt, entsorge sie, selbst bei knappen Vorräten, denn im Blackout-Fall sind Apotheken, Arztpraxen und Krankenhäuser geschlossen, und Du willst keine Lebensmittelvergiftung riskieren.

Wenn Du Kochmöglichkeiten hast, kannst Du Reis oder Nudeln kochen, es wird aber vielleicht Tage geben, an denen Du dazu weder die Zeit noch die Energie hast. Deine Auswahl an Vorräten sollte sich zudem an Deinen Energievorräten orientieren. Wenn Du Gaskocher (samt Kartuschen) für Monate oder Jahre hast oder einen Grill und jede Menge Kohle, dann kannst Du auch in Krisenzeiten aufwendigere Mahlzeiten kochen.

Als Vorbereitung kann man frisches Obst und Gemüse auch **selbst einkochen** und lange haltbar machen. Dafür benötigt man nur Gläser mit Deckel, die man mit kochendem Wasser ausspült und sterilisiert. Dann füllt man beispielsweise das noch heiße Apfelkompott aus dem Topf hinein, dreht den Deckel fest zu, stürzt das Ganze und lässt es abkühlen. Auf diese Weise hat man frisches Obst oder Gemüse, das monatelang haltbar ist und von dem man exakt weiß, was drin ist. Je nachdem, ob es sich um Tomatensauce handelt, kannst Du Dein Selbstgemachtes später zum Genuss erhitzen oder es wie Kompott kalt genießen.

Lang haltbare Lebensmittel für warme Mahlzeiten sind beispielsweise:

- ***Reis*** **und *Nudeln* mit kurzer Kochzeit**, wie etwa Spaghetti, die nur 4 Minuten im kochenden Wasser brauchen, sind eine gute Basis für eine warme und köstliche Mahlzeit.
- Man kann sie mit ***Fertigsaucen*** **im Glas** kombinieren, von indisch bis italienisch.
- Es gibt zudem lang haltbare ***Fertiggerichte*** **in Dosen und Gläsern**, von Eintöpfen bis hin zu fertigen Kohlrouladen in zahlreichen Geschmacksrichtungen und Preisklassen, von der Discounterware bis hin zu Bio und vegan.
- Die nächste Ausbaustufe sind ***Tactical Foods***, die vom Militär genutzt werden. Das ist portionierte Langzeitnahrung mit bis zu 8 Jahren Haltbarkeit. Sie ist in der Regel gefriergetrocknet. Das macht sie nicht nur sehr lange haltbar, die schonende Zubereitung konserviert auch bestens den Geschmack. Bei der Herstellung wird den Speisen in einer Vakuumkammer das Wasser entzogen, alle Vitamine und Nährstoffe bleiben aber fast zu 100% erhalten. Der Geschmack verliert sich nicht, und das Aussehen der Speisen ändert sich durch die Zubereitung nicht. Man muss sie einfach nur mit heißem Wasser aufgießen, zehn Minuten warten und hat dann eine vollständige wohlschmeckende Mahlzeit – vom Frühstück bis hin zu fertigen Fleischspeisen. Diese Luxus-Notnahrung hat jedoch ihren Preis. Hier liegt eine Frühstücksportion bei rund 6 Euro, Hauptmahlzeiten noch etwas darüber. Die **EPAs** (Einmannpackungen der deutschen Bundeswehr) kosten ab 35 Euro für eine komplette Tagesration, ein Karton enthält alles vom Frühstück bis hin zum Abendessen inklusive Dessert. Da alle Gänge einzeln verpackt sind, kann man sie auch gut zum Tauschen verwenden.[(15)]

Sind Deine Vorräte an Heiz- und Kochenergie im Krisenfall beschränkt, würde ich persönlich darauf achten, nicht alles (Holz, Gas, Kohle) in den ersten Tagen oder Wochen zu verfeuern – dann solltest Du besonders auf Vorräte achten, die Du kalt genießen kannst wie:

- ***Dosenbrot***, ***Dosenobst***, ***Trockenobst*** (wie *Datteln, Feigen* und *Rosinen*), ***Nüsse***, ***Öle*** und generell alles, was haltbar ist, satt macht und Energie gibt. Man kann ***keimfähige Linsen*** und ***Kichererbsen*** auch roh essen, wenn man sie über Nacht in Wasser einweicht. Wer Rohkost mag, kann Gemüsesamen ganz leicht selbst auf einem feuchten Küchentuch zu ***Sprossen*** ziehen.
- **Fisch in Dosen**, wie z.B. *Makrele*, *Sardinen*, *Hering*, *Thunfisch* oder *Lachs*, ist eine wichtige Ergänzung, wenn frischer Fisch oder Fleisch nicht verfügbar sind. Die eben erwähnten Fischarten enthalten wertvolle Nährstoffe wie Eiweiß und Omega-3-Fettsäuren und sind daher durchaus gesund. Zudem halten die Dosen viele Jahre, solange sie unversehrt sind, und sie sind preiswert und machen satt.
- Als „**Superfoods**“ bezeichnet man natürliche Nahrungsmittel, die einen besonders hohen Gehalt an Vitaminen, Mineralstoffen und/oder sekundären Pflanzenstoffen aufweisen – das sind beispielsweise „Phytosterine“, die den Cholesterinwert senken, oder „Resperin“, das blutdrucksenkend wirkt. Viele dieser sehr gesunden Früchte sind Exoten, wie Chiasamen, getrocknete Gojibeeren und Moringa-Pulver. Es gibt aber auch mehrere heimische Superfoods, allen voran die Walnuss und der Knoblauch. Beide sollten in keinem Notvorrat fehlen. Man könnte aber auch noch **Bienenhonig** dazu zählen, der schmeckt nicht nur toll, er ist auch sehr lange lagerfähig und zudem reich an Enzymen, Vitaminen und Mi-

neralstoffen. Er wirkt auch entzündungshemmend, antibakteriell und stärkt die Darmflora.

- **Walnüsse** enthalten Omega-3-Fettsäuren, was sich positiv auf den Cholesterinspiegel auswirkt. Sie bestehen zu 14% aus Eiweiß, haben einen hohen Zinkgehalt, was das Immunsystem stärkt, und enthalten zudem Magnesium und Kalium. Sie sind ballaststoffreich, gelten als großer Energielieferant und wirken sich positiv auf die Verdauung aus. Sie sind reich an Antioxidantien, die wiederum freien und schädlichen Radikalen entgegenwirken. Kühl und trocken kann man sie zwei bis drei Jahre lagern. Zusätzlich regen sie die Bildung des Schlafhormons Melatonin an. Ebenfalls sehr gesund und wohlschmeckend sind **Mandeln**. Auch sie sind reich an hochwertigem Eiweiß und gut für die Darmflora.
- **Knoblauch** schmeckt nicht nur einmalig, er enthält auch viele Vitamine, Mineralstoffe, Phytonährstoffe und Antioxidantien – er wirkt also entgiftend. Er sorgt zudem für eine gesunde Darmflora, hält Herz, Blut und Gefäße intakt und stärkt das Immunsystem. Knoblauch wirkt außerdem entzündungshemmend, was wiederum Erkältungen und anderen Infektionen vorbeugt. Frische, ganze, ungeschälte Knoblauchknollen lassen sich an einem kühlen, luftigen und dunklen Ort monatelang lagern. Selbst wenn er Dir irgendwann ausgehen sollte, kann man in der Natur oft ganz leicht „Wilden Knoblauch“ finden, der auch als „Weinbergknoblauch“ bezeichnet wird und sehr ähnliche Eigenschaften zur Kulturform hat. Im März und April kann man in feuchten Laubwäldern die jungen Blätter des ***Bärlauchs*** pflücken, der über ähnliche Eigenschaften verfügt, jedoch einen sogar noch höheren Vitamin-C-Gehalt aufweist!

- Es gibt fertige **Sportlernahrung in Pulverform**, die man nur mit kaltem oder lauwarmem Wasser aufgießen muss. Die deutsche Firma *Huel* etwa verspricht, dass man ab 1,82 Euro pro Beutel eine vollwertige Mahlzeit mit Kohlenhydraten, Proteinen, Ballaststoffen, gesunden Fetten sowie 26 essentiellen Vitaminen und Mineralstoffen bekommt. Zudem ist das Produkt zu 100% vegan, da es aus pflanzlichen, nachhaltigen Zutaten wie Hafer, Erbsen, Reis, Leinsamen, Kokosnuss und Sonnenblumen hergestellt wird. Für Studenten soll es auch noch 10% Rabatt geben. Dies ist vielleicht die preiswerteste und platzsparendste Methode, vorzusorgen.
- **Müsli- oder Proteinriegel**. Die Steigerungsform ist sogenannte **Kompakt- oder Komprimat-Verpflegung**. Das ist professionelle Notnahrung, die gepresst und komprimiert ist, um in kleinen, leichten Einheiten möglichst viel Nährwert und Energie zu bieten. Die Riegel sind bis zu zehn Jahre haltbar, platzsparend, lassen sich leicht lagern und stapeln und sind besonders bei *„Preppern"* beliebt – das ist ein Begriff für Menschen, die sich auf Katastrophen aller Art vorbereiten und ihr Schicksal in die eigenen Hände nehmen. Da gehörst Du nun dazu. Wer im Notfall einen Fluchtplan hat, sollte nicht auf Proteinriegel und Kompakt-Verpflegung im Fluchtrucksack verzichten.
- Für Kleinkinder empfiehlt es sich vielleicht, lange **haltbare Babynahrung** im Glas zu bevorraten. Zwar können *Hipp*, *Alete* und Co. keine frische Nahrung ersetzen, aber wenn Du kein frisches Obst und Gemüse mehr bekommst, wird das vermutlich die beste Alternative sein.
- Ein Erwachsener sollte pro Tag zwischen 75 mg und 90 mg **Vitamin C** zu sich nehmen, was fürs Immunsystem sehr wichtig ist. Wenn kein frisches Obst und Gemüse verfügbar

ist, bleibt nur die Supplementierung mittels Tabletten oder Kapseln. Mindestens genauso wichtig ist **Vitamin D**, das man in Tropfenform sehr gut dosieren kann. Ein Fläschchen Vigantol-Öl aus der Apotheke kostet derzeit etwa 15 Euro und reicht für mehrere Wochen. (*Ich muss darauf hinweisen, dass Du Dich bezüglich Einnahme und Dosierung von einem Arzt oder Apotheker beraten lassen solltest.*)

Egal ob Essen aus dem Beutel, aus dem Glas oder aus der Dose, mit ein wenig Kreativität kann man auch aus diesen Speisen etwas Besonderes machen. Jeder kann im Garten, ja selbst auf dem Balkon oder Fensterbrett Kräuter ziehen, die man in jedem Supermarkt im Topf bekommt. Mit frischem Schnittlauch, Petersilie, Dill, Rosmarin, Liebstöckl, Estragon oder Majoran kann man einfache Fertiggerichte optisch wie auch geschmacklich deutlich verfeinern. Wenn man im Winter Kräuter im Topf kauft, darf man sie jedoch nicht gleich nach draußen stellen, weil sie den großen Temperaturunterschied nicht vertragen würden. Daher sollte man sie langsam, über mehrere Tage hinweg abhärten oder sie einfach in einem kühlen, hellen Raum im Topf belassen.

Da es vor allem für das Wohlbefinden wichtig ist, nicht auf alles verzichten zu müssen, was einem lieb ist, empfehle ich auch, an Folgendes zu denken:

- Vorräte an **Tee** und/oder **Kaffee** (gemahlen und luftdicht eingeschweißt in ¼-Kilo-Packungen). Diese eignen sich auch hervorragend als Tauschmittel. Denke an **Kaffeefilter** oder eine **Mokka-Kanne**.
- Wer dabei auf Milch nicht verzichten kann, sollte sich vielleicht einen kleinen Vorrat an **Milchpulver** zulegen, das jahrelang haltbar ist, oder **gezuckerte Kondensmilch**, die unge-

öffnet mindestens ein Jahr haltbar ist und nach dem Öffnen gekühlt auch noch bis zu zwei Wochen (oder länger) hält.
- Lieblings-Süßigkeiten für Groß und Klein, wie Schokolade, Schokoriegel, Nuss-Nougat-Creme, Hartkekse u.Ä.
- Wer einen mit Holz befeuerten Backofen hat, kann auch selbst Brot backen. In der einfachsten Variante braucht man dafür Mehl, Trockenhefe, Wasser, Zucker und Salz. Sollte das für Dich Neuland sein, möchte ich Dir dazu exemplarisch das Buch »Brot backen in Perfektion mit Hefe« von Lutz Geißler empfehlen.

Wenn Du ein **Haustier** hast, denke daran, auch dafür ausreichend Nahrung vorrätig zu haben, damit Du nicht Deine eigenen Vorräte mit Deiner Katze oder Deinem Hund teilen musst.

Prinzipiell bin ich der Meinung, dass wir uns nur Vorräte an Lebensmitteln zulegen sollten, die wir auch wirklich gerne essen. Auch die Zeit während eines Blackouts ist wertvolle Lebenszeit, und niemand von uns weiß, wie viel Zeit ihm oder ihr noch bleibt. Daher sollten wir versuchen, aus jedem Tag das Beste zu machen und jeden Tag und jede Mahlzeit voll und ganz zu genießen. Daher kann es auch nicht schaden, die ein oder andere gute Flasche Wein auf Lager zu haben oder was auch immer Dich glücklich und zufrieden macht, und sei es ein ganz besonderer Grüner Tee.

Falls Du also vorhast, aus logistischen oder finanziellen Gründen Nahrungsmittel einzulagern, die Du noch nie gegessen hast, so rate ich Dir dazu, sie zuvor einmal auszuprobieren. Es wäre doch sehr traurig, wenn Du hundert Dosen Fischfilets einlagerst, weil sie wenig Platz einnehmen und lange halten, um dann im Krisenfall festzustellen, dass sie Dir überhaupt nicht schmecken.

Du hast das Beste verdient, das Du Dir leisten kannst, an jedem einzelnen Tag! Und die Tage des Blackouts sollten da keine Ausnahme sein. *Über-leben* ist zu wenig, wir haben es verdient, voll und ganz zu leben, komme was wolle!

Abb. 4: Eine vernünftige und vor allem vitaminreiche Nahrung ist sinnvoll – vor allem Nüsse und Mandeln enthalten viele wichtige Nährstoffe und lassen sich lange aufbewahren.

Kochen

Die meisten Menschen benötigen vor allem im Winter regelmäßig warme Mahlzeiten und Getränke. Da das Gros aller Wohnungen und Häuser heute aber mit Elektroherden ausgestattet ist, werden die meisten Menschen während eines Blackouts keine Kochmöglichkeit mehr haben. Es sei denn, sie haben vorgesorgt:

- Wer das Glück hat, bereits einen **Gasherd** zu nutzen, der von **Propangasflaschen** betrieben wird, der muss nur für einen kleinen Vorrat an Gasflaschen sorgen und kann ansonsten weiter kochen wie gewohnt. Mit einer klassischen 11-kg-Propangasflasche kommt eine zweiköpfige Familie erfahrungsgemäß je nach Verhalten rund 4 bis 6 Monate durch. Mit zwei Reserveflaschen ist also das Kochen bei ein wenig bewusstem Verhalten garantiert für ein weiteres Jahr gesichert. Dies ist die mit Abstand einfachste und zeitsparendste Variante, während eines Blackouts zu kochen.
- Wer ohnehin einen Holzofen betreibt, kann damit in den meisten Fällen auch kochen. Mit Holz befeuerte **Küchenöfen** haben Kochplatten und ein Backrohr, in dem man auch Brot und Kuchen backen kann. Da der Ofen im Winter ohnehin den ganzen Tag über beheizt wird, kann man darauf auch immer einen großen Topf mit Wasser stellen, damit hat man auch während eines Stromausfalls immer warmes Wasser zum Kochen oder Waschen.
- In der Regel haben die meisten Holzöfen, Schweden- oder Werkstattöfen oben auch eine Stahlplatte, auf der man kochen kann. Wie beim Küchenofen muss man jedoch bedenken, dass es morgens meist rund zwanzig bis dreißig Minuten dauert, bis er so richtig heiß ist und dann noch einmal einige Minuten, bis die Mokkakanne sprudelt. Wer also den

frischen Espresso direkt nach dem Aufstehen gewohnt war, wird sich ein wenig umstellen müssen.

- **Raketenöfen** (rocket stoves) sind kleine transportable Kochherde, die durch eine besondere Anordnung des Feuerraums den Brennstoff, Holz oder Kohle, besonders effizient verbrennen. Sie wurden ursprünglich als Ersatz für offene Kochstellen in Entwicklungsländern konzipiert, erfreuen sich aber immer häufigerer Beliebtheit beim Camping oder zum Grillen auf dem Balkon. Ich möchte betonen, dass solche Öfen nicht für den Einsatz in geschlossenen Räumen konzipiert sind. Offenes Feuer entzieht der Luft viel Sauerstoff und gibt Kohlenmonoxid (CO) ab, welches in höherer Konzentration als Atemgift wirkt. Daher dürfen sie **nur im Freien**, also im Garten oder auf dem Balkon, eingesetzt werden! Die Anschaffungskosten für einen Kocher dieser Art sind überschaubar. Das Modell *EcoZoom Versa Raketenofen* kostete im September 2022 rund 135 Euro.[(7)] Für weitere 100 Euro bekommt man rund 40 bis 60 kg Grillkohle (Holzkohle). Damit kannst Du also auch mit recht wenig Geld sicherstellen, dass Du Dir über mehrere Wochen hinweg täglich problemlos eine warme Mahlzeit zubereiten kannst.
- Auch wenn er nicht ganz so energieeffizient ist, kannst Du natürlich auch einen bereits vorhandenen **Gartengrill** nutzen.
- Ebenfalls ausschließlich zur Verwendung im Freien gedacht ist der ***„Kelly Kettle“***, die „Sturmkanne“ aus Edelstahl, die in Irland seit Langem von Schafhirten, Fischern und Landarbeitern benutzt wird, um draußen selbst noch bei Sturm rasch Wasser kochen zu können.[(8)] Alles, was man dafür benötigt, ist ein wenig Holz und ein Sturmfeuerzeug.

- Wer ein klassisches, mit Spiritus oder Brenngel betriebenes **Fondue-Set** zuhause hat, kann mittels des kleinen **Stövchens** problemlos Speisen erwärmen – und das unschlagbar preiswert. Ein Liter Spiritus kostet rund 2 Euro. Wenn Du für zwei Personen zwei warme Mahlzeiten und ein warmes Getränk pro Tag zubereitest, kommst Du mit einer 1l-Flasche Brennspiritus etwa eine Woche durch. Das bedeutet, dass Du mit 4 Flaschen zu 8 Euro einen ganzen Monat lang für warmes Essen und Trinken sorgen kannst.
- Als letzten Tipp für all jene, die keinen Kaminanschluss und folglich auch keinen Ofen haben, und sich vielleicht auch keinen neuen Gasherd leisten können oder keinen mehr bekommen, bleibt die mit Abstand preiswerteste Variante für einen Indoor-Herd, nämlich der **Campingkocher**, der mit kleinen Gaskartuschen befeuert wird. Während ein vernünftiger Holzofen mehrere tausend Euro (ohne Kaminsanierung, Installation und Wartung) kostet, gibt es einfache **Kartuschenkocher** bereits ab 20 Euro und die dazu passenden Kartuschen schon ab 4 Euro (zumindest noch im September 2022).[(12)] Eine 230-Gramm-Kartusche hat eine Brenndauer von rund 75 Minuten. Willst Du damit morgens Kaffee kochen und Dir abends ein Fertiggericht aus der Dose warm machen, dann reicht sie bestenfalls für vier bis fünf Tage. Für einen Monat brauchst Du demnach mindestens sieben bis acht Kartuschen – was während eines Blackouts immer noch eine der kostengünstigsten Methoden zu kochen ist.

Fällt die Stromversorgung aus, dann mit ihr auch der Kühlschrank. Bevor Du Dich über Deine konservierten Vorräte hermachst, solltest Du also möglichst rasch alles verbrauchen, was im Kühlschrank ist. Wenn Du den Tiefkühlschrank nicht unnötig oft öffnest, sollten tiefgefrorene Lebensmittel eigentlich problemlos zwei bis vier Tage weiter gefroren bleiben, abhängig von Konsistenz und Größe. Bei Außentemperaturen unter dem Gefrierpunkt kannst Du die Haltbarkeit von Tiefkühlprodukten verlängern, indem Du sie draußen geschützt lagerst. Das kann man notfalls selbst auf dem Fensterbrett machen. Verbrauche erst die gekühlten Nahrungsmittel, bevor es den nicht gekühlten Vorräten an den Kragen geht.

Abb. 5: Kartuschenkocher mit Butangaskartuschen

Wärme und Behaglichkeit

Im Falle eines Blackouts im Winter wird die Raumtemperatur in den einzelnen Haushalten nicht nur vom Grad der Vorbereitung abhängen, sondern auch von der Beschaffenheit des jeweiligen Hauses. Die meisten Menschen sind Raumtemperaturen um die 21°C gewohnt. Doch gilt es zu bedenken, dass mit dem Blackout nicht nur die Heizung ausfällt, sondern auch alle anderen Wärmequellen im Haushalt, die sonst mitheizen, wie der Kühlschrank, die Tiefkühltruhe, der Herd, die Beleuchtung und elektronische Geräte aller Art. Bei einem modernen Passivhaus soll die Raumtemperatur angeblich nie unter 15°C sinken, was dem verwöhnten modernen Menschen aber vermutlich auch noch zu kalt sein wird. In einem schlecht isolierten Haus hingegen kann es bei großer Kälte unter Umständen bereits innerhalb von 24 Stunden zu einer Abkühlung auf unter 10°C kommen – dann musst Du schnell handeln.

Die normale Körpertemperatur eines Menschen liegt zwischen 36,5°C und 37°C. Sinkt sie unter 35°C spricht man von **Unterkühlung** (Hypothermie). Das geschieht, wenn der Körper über längere Zeit mehr Wärme abgibt, als er selbst erzeugen kann oder als ihm zugeführt wird. Wenn Politiker die Gefahr kalter Wohnungen und Häuser herunterspielen, so ist das grob fahrlässig, denn Unterkühlung kann tödlich enden. Die ersten Anzeichen dafür sind Zittern und beschleunigte Atmung. Kühlt der Körper weiter aus, fährt er nach und nach alle Funktionen herunter, bis der Betroffene bewusstlos wird.

Doch nicht nur externe Heizsysteme, die sowohl Gas als auch Strom benötigen, versagen bei einem Blackout, auch die immer beliebteren Wärmepumpen und automatischen Pellets-Öfen funktionieren nicht ohne Strom. Welche alternativen Heizmöglichkeiten gibt es also?

- Es gibt kleine, recht effektive mobile Gasheizungen, die man mit Kartuschen (Propangas) aller Größen betreiben kann. Vernünftige Modelle inklusive Kipp- und Stoßsicherung sind schon ab 250 Euro erhältlich. Die Öfen sind leicht und können daher von einem Zimmer ins andere mitgenommen werden, und manchmal verfügen sie sogar über einen Sauerstoffsensor, der den Ofen abschaltet, falls die Luft zu schlecht wird.[9] Den *Blumfeldt Bonaparte 4200W* beispielsweise, den man auch mit großen 11kg-Gasflaschen betreiben kann, gibt es bei Netto oder Metro derzeit schon ab 152 Euro.[19] Es gibt hier aber eine Vielzahl von Modellen mit sehr unterschiedlicher Leistung und stark abweichendem Preis.
- Ähnlich sind auch Petroleumheizungen, die oft noch mit einer Kochplatte ausgestattet sind und ansonsten eine vergleichbare Leistung haben. Vermutlich wird Petroleum teurer sein als Gas, aber da sich Preise und Verfügbarkeiten derzeit ständig ändern, musst Du das kurzfristig recherchieren und entscheiden. Sehr günstig angeboten wird derzeit das Modell *Mr. Heater* mit zirka 120 Euro.[20]
- Das effektivste ist ohne Zweifel ein **Holzofen** (Kaminofen), den es in zahlreichen Varianten, Größen und Ausführungen gibt, vom klassischen Schwedenofen, der nur mit Holz betrieben werden darf, bis hin zum Dauerbrandofen, der auch mit Kohle beheizt werden kann. Die meisten dieser Öfen kosten mehrere tausend Euro, und um sie zu betreiben, benötigt man einen Anschluss an einen Kamin, der zuvor von einem Schornsteinfeger freigegeben und genehmigt werden muss. In vielen Fällen wird man auf Grund der Gesetzeslage einen neuen Edelstahlkamin einziehen müssen, was wieder mehrere tausend Euro kosten kann. Meiner Meinung nach ist es das allemal wert, denn ein schöner Schwedenofen mit gro-

ßem Sichtfenster spendet nicht nur wohlige Wärme, sondern auch Gemütlichkeit und Romantik. Was kann es in trüben Zeiten Schöneres geben als ein wärmendes, knisterndes Feuer?

- Die kleinere Variante für all jene, die einen Kaminanschluss in ihrem Haus oder ihrer Wohnung haben, ist ein **Werkstattofen.** Das ist so etwas wie die kleine, schlanke Variante eines Schwedenofens, und es gibt ihn manchmal im Baumarkt schon ab 150 Euro (plus Schornsteinfeger-Kosten!). Der Vorteil eines Werkstattofens ist neben dem geringeren Platzbedarf auch sein Gewicht, denn während ein größerer Schwedenofen auch gerne mal über 400 kg wiegen kann, bringen Werkstattöfen meist nur rund 50 kg auf die Waage und können daher von zwei richtigen Männern problemlos transportiert und aufgestellt werden. Wenn das Feuer erlischt, kühlt der kleine Ofen aber auch schnell wieder ab.
- Hier einige wichtige Tipps für all jene, die wenig Erfahrung mit dem Beheizen von Öfen haben: Das Beste für jeden Ofen ist möglichst **lange gelagertes Hartholz**, das sind Laubholzarten wie Eiche, Buche, Robinie, Esche oder Birke. Es sollte nach dem Schlägern mindestens zwei Jahre liegen, weil es sonst noch zu feucht ist, schlecht brennt und stark ausgast, also den Ofen (die Scheiben) verschmutzt. Wenn Dir die Scheiben egal sind, kannst Du natürlich auch harzige Hölzer verwenden, also Nadelhölzer wie Fichte, Tanne oder Kiefer (Föhre). Zur Zeit (Oktober 2022) musst Du froh sein, wenn Du überhaupt irgendwo Holz herbekommen kannst. Im schlimmsten Fall musst Du auf Holzbriketts aus dem Baumarkt zurückgreifen. Die haben den Vorteil, dass Du sie nicht kleinhacken musst, aber den Nachteil, dass sie sehr teuer sind. Um 100 m^2 einen Winter lang zu beheizen,

wirst Du (je nach Gebäude) in etwa zwischen 3 und 4 „Raummeter“ Hartholz benötigen, das sind rund 5 bis 7 „Schüttmeter“. Ein Raummeter kostet aktuell ab 200 Euro aufwärts, wobei Du bei Angeboten mit Vorkasse im Internet vorsichtig sein solltest, da in dem Bereich scheinbar bereits einige Betrüger ihr Unwesen treiben.

- Wenn Du das Feuer sehen willst, dann musst Du die **Scheiben** Deines Ofens jeden Morgen vor Inbetriebnahme **reinigen**. Vergiss chemische Sprays, die teuer und giftig sind. Das Einfachste ist es, die Scheiben nass zu machen, ein Stück befeuchtete Zeitung in die Asche zu tauchen und damit die Scheibe zu säubern. Also Zeitung sammeln!
- Die meisten Öfen benötigen **Holzscheite** mit einer Länge von 33 cm. Da Du zum Anzünden neben **Streichhölzern**, **Grill-Anzündern** oder **Anzünde-Wolle** auch noch kleine, dünne Holzstücke brauchst, wirst Du auch immer wieder zur Axt greifen müssen. Du benötigst einen Hackstock, also einen fest stehenden Holzblock mit gerader Oberfläche, auf die Du jene Scheite stellst, die zu dick sind. Achte darauf, dass die Axt scharf ist (dafür brauchst Du einen Schleifstein), und halte niemals das Scheit fest, während Du mit der anderen Hand zuschlägst, denn das kann eine blutige Angelegenheit werden. Denke daran: Da es keine medizinische Notversorgung gibt, ist **Sicherheit das oberste Gebot!**
- Falls Du anderes Holz wie etwa Bauholz verheizen möchtest, rate ich dazu, Dir eine klassische **Bogensäge** zuzulegen (die gibt es schon ab 20 Euro in jedem Baumarkt), denn selbst wenn Du eine benzinbetriebene Kettensäge hast, willst Du vielleicht nicht unbedingt Deinen letzten Sprit dafür verwenden – außerdem wird einem beim Sägen und beim Holzhacken schön warm.

Falls Du keinen Holzofen besitzt und Wärme mittels eines mobilen Heizgeräts erzeugen musst (Gas oder Petroleum), dann rate ich Dir, einen möglichst kleinen Raum zum zentralen Aufenthaltsort umzufunktionieren, um Ressourcen zu sparen.

An dieser Stelle möchte ich kurz darauf hinweisen, dass jeder Wald und jedes Feld einen rechtmäßigen Besitzer hat, dem auch alles darauf gehört. Wenn Du Dich vom Eigentum anderer ohne deren Einverständnis bedienst, selbst in höchster Not, dann denke daran, dass diejenigen das Recht haben, ihr Eigentum zu verteidigen und dies vielleicht auch tun werden.

Eine lustige Sache, die im Jahr 2022 ein echter Internethit war, ist der sogenannte **Teelichtofen** (Tontopf-Heizung). Ich habe mir mehrere Videos dazu angesehen, und man soll mit so einer Konstruktion, bei der mehrere Terrakotta-Töpfe übereinandergestülpt und von unten mit Teelichtern erwärmt werden, durchaus einige Grad mehr in einem kleineren Raum erzeugen können. Bloß halten solche Teelichter nicht länger als 3 Stunden, und da man mindestens drei auf einmal benötigt, müsste man sehr viele davon einlagern. Zudem rußen sie stark. Für Partys sicher ein Hingucker, und wer will, soll es gerne ausprobieren. Insgesamt halte ich jedoch die zuvor erwähnten Lösungen für sinnvoller.

Abb. 6 und 7: Werkstattofen und der Gasofen *Blumfeldt Bonaparte* – beide sind in der Anschaffung sehr günstig und können im Notfall gute Dienste leisten.

Licht in Zeiten der Finsternis

Dies ist ein Faktor, der von vielen Menschen unterschätzt wird. Denn wenn es im Winter von 16 Uhr bis 8 Uhr morgens dunkel ist, dann wird das Leben nicht nur sehr düster und deprimierend, es wird vor allem auch sehr schwierig, Kinder zu beschäftigen. Man kann weder lesen noch Spiele spielen oder stricken oder sonst irgendetwas tun. Selbst zum Kochen oder um Dich verletzungsfrei im Haus zu bewegen, brauchst Du zumindest ein Minimum an Licht.

Die meisten Menschen unterschätzen dieses Problem, weil sie es gewohnt sind, dass sie, auch ohne das Licht einzuschalten, bislang nachts im Haus genug sehen konnten, um sich zu orientieren. Doch wenn in einer wolkenverhangenen Nacht alle Straßen- und Schaufensterbeleuchtungen, Werbetafeln, Lichter in den anderen Haushalten und alle sekundären Lichtquellen (Laptop, Kühlschrank usw.) wegfallen, dann ist es stockfinster, so finster, dass Du unter Umständen die Hand vor Augen nicht siehst – so finster, wie Du es vermutlich noch nie zuvor erlebt hast. Wenn Du dafür ein Gefühl bekommen willst, dann geh einfach in einen Kellerraum ohne Fenster und schließ die Tür hinter Dir dicht ab. Dann wirst Du erkennen, dass Licht bei Deinen Vorbereitungen und Überlegungen eine wichtige Rolle spielen sollte.

Absolut unverzichtbar ist eine Taschenlampe, besser sogar mehrere, idealerweise in verschiedenen Größen. Neue Modelle sind alle mit LED-Lichtern ausgestattet und sehr hell und leistungsfähig. Sie haben verschiedene Helligkeitsstufen und sind absolut nicht teuer. Die sogenannten „Taktischen Taschenlampen“, beispielsweise von LETMY, kann man schon ab 15 Euro bekommen. Zum selben Preis bekommst Du auch schon eine vernünftige Stirnlampe. Sie hat den Vorteil, dass Du jederzeit beide Hände frei hast, was für viele Tätigkeiten von großem Nutzen ist. Außerdem leuchtet sie automatisch immer dort hin, wohin Du siehst. Hier gibt es eine wahre Flut an Modellen, weshalb Du bei Deiner Kaufentscheidung besonders auf das Gewicht und die Akkulaufzeit achten solltest. Die Reichweite (50-100m) spielt für die Nutzung in Innenräumen wohl eher eine untergeordnete Rolle.

Taschen- und Stirnlampe sind vor allem zu Beginn eines Blackouts sehr wichtig, um Dich zu orientieren und alle notwendigen Schritte zu tun, ohne Dir den Hals zu brechen, weil Du ein Kinderspielzeug am Boden übersehen hast oder in der totalen Dunkelheit die Kellertreppe hinuntergefallen bist. Daher sollten **Taschen- und Stirnlampe** (zusammen mit Batterien) zentral im Haus aufbewahrt werden. Jede Person im Haushalt muss wissen und sich merken, wo sie sind, denn im Ernstfall ist das die **erste Anlaufstation**. Erst wenn Du ausreichend Licht hast, kannst Du alle anderen Maßnahmen einleiten, ohne ein großes Risiko eingehen zu müssen.

Diese preiswerte Grundausstattung ist Pflicht, der Rest ist die Kür. Wer nicht über eine umfangreiche Notstromversorgung verfügt, hat zusätzlich folgende Optionen:

- **Kerzen** und **Teelichter**
- Dazu **Streichhölzer** und **Feuerzeuge** (gegebenenfalls Feuerzeugbenzin oder -gas)
- **Solarlaternen** gibt es in zahlreichen Ausführungen, teilweise auch mit USB-Anschlüssen und Handkurbeln. Sie sind sehr praktisch, weil man sie einfach tagsüber nach draußen stellt, sich der eingebaute Akku (Batterie) auflädt und man dann jederzeit nach Belieben Licht hat. Ich rate jedoch dazu, eines oder besser mehrere der leistungsstärkeren Modelle zu nehmen, denn ihre Lichtstärke ist, anders als manchmal beschrieben, generell eher bescheiden. So eine Lampe reicht aus, um sich im Raum zu orientieren, aber kaum zum Lesen oder für Ähnliches.

- Dafür benötigt man **Campinglampen** mit Gaskartuschen. Stärkere Modelle (ab 85 Euro) haben eine Leistung von bis zu 360 Lumen, was in etwa einer altmodischen 40-Watt-Glühbirne entspricht. Hier kannst Du im Abstand von ein bis zwei Metern lesen, Brettspiele spielen und vieles mehr. Wenn Du zwei oder mehrere solcher Lampen hast, dann hast Du es schon richtig hell. Aber Achtung: Gaslaternen erzeugen neben Licht auch Wärme, und man muss auf brennbare Gegenstände achten. Außerdem benötigen sie einen **Glühstrumpf**, der kaputtgehen kann. Lies die Anweisungen ganz genau, oder lass es Dir im Outdoor-Laden gut erklären, und sorge für Reserve-Glühstrümpfe. Eine große 450-Gramm-Kartusche sollte bei voller Lichtleistung etwa 8 bis 10 Stunden halten, bei gedimmtem Licht entsprechend länger, also vielleicht einige Abende. Wenn Du Dich für diese Variante entscheidest, dann solltest Du Dir einige Kartuschen (ab 10 Euro) auf Lager legen. Sie halten Jahre, wenn sie nicht zu feucht gelagert werden und verrosten.
- **Batteriebetriebene LED-Campinglampen** schaffen angeblich sogar bis zu 1.000 Lumen, was in etwa einer 75-Watt-Glühbirne entsprechen würde, aber ihr Batterieverbrauch gilt dann als sehr hoch.
- **Petroleumlampen** (Öllampen) sind von ihrer Leuchtkraft in etwa mit Gaskartuschen-Lampen vergleichbar. Man betreibt sie mit Lampenöl, was preiswert ist, aber riecht und rußen kann – was übrigens auch für Kerzen gilt. Daher sind Petroleumlampen in engen Räumen mit Vorsicht zu genießen. Wir haben es hier mit Öl und Feuer zu tun, einer gefährlichen Mischung, vor allem wenn Kinder in der Nähe sind.

Jede Lichtquelle mit Flamme, also Kerzen, Gas- und Petroleumlampen, verbraucht Sauerstoff im Raum. Daher ist darauf zu achten, regelmäßig zu lüften. Im Winter senkt das aber wieder die Raumtemperatur, was unter Umständen nicht gewollt ist. Abgesehen von der großen Notstromanlage würde ich daher einen **Mix aus starken Gaslampen und Solar-LED-Lampen** empfehlen (plus Taschen- und Stirnlampe!).

Wenn Du Kerzen und Teelichter nutzen möchtest, denk an ausreichend Streichhölzer oder volle Feuerzeuge. Wenn Du mit Holz heizt, brauchst Du ohnehin einen großen **Vorrat an Streichhölzern**, am besten mehrere Großpackungen. Die gibt es in Baumärkten und in Drogeriemärkten und manchmal auch in Gemischtwarenläden. Wenn es sich um asiatische Billigware handelt, probiere sie auf jeden Fall zuvor einige Male aus, um dann im Notfall nicht im Dunkeln zu stehen.

Abb. 8: LED machts möglich: Camping-Solar-Leuchten laden sich im Sonnenlicht auf und spenden danach kostenlos stundenlang Licht.

Deinen eigenen Strom erzeugen

Selbst während eines Blackouts muss man nicht zwangsweise komplett auf Strom verzichten, denn mit Photovoltaik-Anlagen und Notstromaggregaten kann man selbst Strom herstellen, wenngleich auch mit höherem finanziellem und logistischem Einsatz.

Im besten Fall hat man im Haus eine **Notstromanlage** eingebaut, die bei Ausfall des Netzstroms automatisch auf Inselbetrieb umschaltet. Ich weiß von einigen sehr wohlhabenden Menschen im deutschsprachigen Raum, die ihre Anwesen bereits im Jahr 2021 auf diese Weise aufgerüstet und mehrere tausend Liter Treibstoff in Tanks gebunkert haben. Das wird für die meisten Menschen aber sowohl aus Platz- als auch aus Kostengründen nicht in Frage kommen, also bleiben folgende Alternativen:

- **Notstromaggregate** werden meist mit Benzin, seltener mit Diesel betrieben und kosten je nach Größe und Leistung einige hundert bis einige tausend Euro. Solche Stromerzeuger sind Verbrennungsmotoren. Sie verursachen Abgase und dürfen deshalb nur im Freien betrieben werden. Betreiben Sie ein Notstromaggregat NIEMALS in der Wohnung, weil das rasch zu einer Kohlenmonoxid-Vergiftung führen kann! Wer sich für ein **Notstromaggregat** entscheidet, benötigt die dafür nötige Menge an Benzin oder Diesel. Abhängig vom Modell verbrauchen die klassischen alten **Konverter-Modelle** im Schnitt zwischen 0,5 und 1 Liter pro kWh. (Bitte jedes Modell im Detail nachprüfen!) Demnach bräuchtest Du für ein Konverter-Aggregat, das einen Monat lang eine Stunde pro Tag laufen und dabei 3 kW liefern soll, zwischen 45 und 90l Sprit.
- Moderne **Inverter-Modelle** sind leiser, liefern eine konstantere Spannung, die sich dem Verbrauch (Abnahme) anpasst,

und sie sind spritsparender. In beiden Fällen hast Du die Herausforderung, dass Dein Strom draußen erzeugt wird und Du ihn mittels Verlängerungskabel irgendwie nach drinnen leiten musst.

- Den Sprit lagert man am besten in **Metallkanistern**, die es in 5l-, 10l- und 20l-Ausführung gibt, wobei die letztere mittlerweile leider mehr als 50 Euro kostet. Metallkanister kosten deutlich mehr als Plastikkanister, sind aber dichter, sicherer und weniger geruchsbelastend.
- Es gibt auch die Möglichkeit, sich neben dem Haus eine eigene **kleine Tankstelle** mit bis zu tausend Liter Fassungsvermögen einzurichten, so wie es viele Bauern haben. Hierfür gibt es jedoch klare behördliche Auflagen, die unbedingt zuvor geprüft werden sollten.
- Auch ein alter **leerstehender Heizöltank** wäre theoretisch für Treibstoffvorräte geeignet, aber auch hier gilt es, die gesetzlichen Bestimmungen vorab zu prüfen. Noch besser wäre es natürlich, wenn noch Heizöl drin wäre, denn das ist im Grunde dasselbe wie Diesel, hat nur eine andere Farbe und manchmal einen etwas höheren Schwefelgehalt, was etwas mehr Rauch verursacht. Laut dem deutschen Energiegesetz (Kapitel 1, § 3, Absatz 1, Nr. 1 und 2) darf ein mobiler Stromerzeuger, der während des Einsatzes nicht bewegt wird (anders als ein Kraftfahrzeug), auch mit Heizöl betrieben werden!
- Die derzeit interessanteste Lösung sind meiner Meinung nach **mobile Power-Stations**. Es handelt sich dabei um Stromspeicher, die man auf vielfältige Weise aufladen kann. Ursprünglich für Camping und Outdoor-Aktivitäten entwickelt, kannst Du sie zuhause an die Steckdose hängen und dann irgendwo am Strand oder im Wald den Strom wieder

abrufen. Im Blackout-Fall kann man sie aber auch über ein Benzin- oder Dieselaggregat aufladen oder mittels Solarpanels. Das ist genial, da Du sie tagsüber mittels kostenloser Sonnenenergie aufladen und dann den Strom jederzeit nach Bedarf geräuschlos abrufen kannst. Das heißt, Du kannst die geladene Batterie im Haus aufstellen und einfach Deine Endgeräte (Staubsauger, Stehlampe, Laptop, Handy...) anschließen, ohne Kabel ins Freie legen und ein lautes, geruchsintensives Aggregat betreiben zu müssen. Das Beste auf dem Gebiet ist (Stand September 2022) wohl das *EcoFlow DELTA Pro* im Paket mit 3,6 kWh Powerstation und 400 W-Solarpanele für knapp 5.000 Euro. Bei einer Spitzenleistung von 4,6 kW kannst Du damit sogar eine Waschmaschine betreiben. Natürlich kannst Du auch mehrere Panels anschließen, um die Ladezeiten zu verkürzen. Bitte beachte, dass die angegebenen Werte bei Solarpanelen immer die Leistung unter den bestmöglichen Bedingungen darstellen, die in der Realität kaum zu erreichen sind. Du kannst auch mehrere Powerstations zusammenhängen, um die Kapazität zu erweitern.

- Bereits ab 50 Euro bekommt man kleine **Powerbanks** mit Mini-Solarpanel, quasi die Miniaturausgabe des oben beschriebenen Gerätes, die meist ausreichen, um Handys, Laptops und Tablets zu laden – was vielleicht Kinder besonders erfreuen könnte.
- Am einfachsten kann man Strom natürlich über **Batterien** abrufen. Wiederaufladbare Batterien (Akkus) sind zwar grundsätzlich eine gute Sache, aber ihr Gebrauch hängt im Notfall von den Entscheidungen ab, die Du zuvor getroffen hast. In jedem Fall würde ich einfache Einwegbatterien in möglichst großen Mengen und in den richtigen Größen ein-

lagern. Die meisten Taschenlampen sowie analogen Radios laufen mit dem Typ AA, die meisten Stirnlampen mit AAA, aber Du musst unbedingt all Deine Geräte eingehend prüfen und Dir Reserven für alle benötigten Batterie-Typen anlegen. Bitte denke auch an passende **Knopfzellen**, wie sie manchmal nicht nur in Uhren eingebaut sind, sondern auch in vielen Hörgeräten und Blutzucker-Messgeräten, was für Diabetiker wichtig sein wird.

Unabhängig von Deinem Budget musst Du Dir die Frage stellen, was für Dich im Notfall am wenigsten verzichtbar ist. Wo liegen Deine Prioritäten? Es gibt hier keine *One-Size-Fits-All-Lösung*, denn wer beispielsweise mit Holzöfen heizt, braucht sich weder um warmes Essen oder heißen Tee, noch um warme Räume Sorgen zu machen. Wer diese Möglichkeit nicht hat, aber vielleicht gelegentlich den Wasserkocher anwerfen möchte, der jedoch einen extrem hohen Energiebedarf hat. Theoretisch kann man mittels eines ausreichend starken Aggregats auch die **Waschmaschine** laufen lassen – ein Luxus, der den Energieaufwand wert sein könnte, wenn man nicht zum Waschbrett greifen oder wie ein Moschus-Ochse riechen möchte. Da das Wasser für den Waschvorgang nicht wie gewohnt von der Hauswasserleitung kommen kann, musst Du das Wasser selbst per Hand über die kleine Schublade einfüllen, in die Du auch das Waschpulver schüttest.

Wir alle haben unterschiedliche Prioritäten und Bedürfnisse, auch abhängig davon, ob beispielsweise Kleinkinder im Haus sind oder alte und pflegebedürftige Menschen. Daher kann ich Dir hier nur raten, Dir erst genau zu überlegen, was für Dich auch im Krisenfall unverzichtbar wäre und dann mit einem Elektriker oder einem Bekannten, der etwas davon versteht, Dein spezielles individuelles

Notstrompaket zu erarbeiten. Nicht außer Acht lassen solltest Du dabei, dass billigere Aggregate des alten Konverter-Typs laut sind und stinken, und dass das Tragen und Hochheben eines vollen 20-Liter-Metallkanisters zudem nicht jedermanns Sache ist.

Abb. 9: Die *EcoFlow DELTA Powerstations* sind batteriegespeiste Stromgeneratoren, an die eine Vielzahl von Geräten angeschlossen werden kann. Die Powerstations können über die Steckdose oder über das mitgelieferte faltbare 160-Watt-Solarpanel geladen werden. Im Gegensatz zu Diesel- oder Benzinstromerzeugern können Powerstations wie diese im Wohnraum aufgestellt werden. Man kann beispielsweise – sollte man in einem Hochhaus wohnen – das Solarpanel auf dem Balkon aufstellen und es auf diese Weise laden.

Kleidung

Da sich unser Lebensalltag während eines Blackouts gravierend verändern wird, müssen wir auch unsere Kleidung diesen anderen Gegebenheiten anpassen. Generell empfehle ich praktische, strapazierfähige Kleidung, die idealerweise schmutz-, wasser- und windabweisend ist und möglichst viele Taschen hat. Am besten geeignet sind daher Baggies (Cargohosen) mit Taschen, wie man sie in Outdoor- oder Military-Läden bekommt. Generell ist das, was man in Outdoor- oder Campingläden kaufen kann, oft schicker und moderner, aber meist auch deutlich teurer als Kleidung im Military-Laden oder im Geschäft für Berufskleidung. Aus praktischer Sicht bieten sie alle auch vernünftige Sachen an. Abraten würde ich hingegen von rein modischen Kleidungsstücken, weil sie meist in Wald und Flur nur von sehr kurzer Lebensdauer sind.

Sollte der Blackout im Winter stattfinden, was recht wahrscheinlich ist, dann sind **warme Socken** und **Wärmeunterwäsche** ein absolutes Muss. Es gibt auch hier eine breite Palette an Ausführungen, von Seide bis hin zu Polyester. In Kunstfasern schwitzt man erfahrungsgemäß mehr, was auch rascher zu einem strengen Körpergeruch führt. Wer sich aber die lange Unterhose aus Seide oder aus einem Wolle-Seide-Gemisch nicht leisten kann, wird sich mit vernünftiger Ski-Unterwäsche genauso warmhalten können. Das dann dazu nötige Deo ist bereits für wenige Euros zu haben.

Generell ist es immer besser, **mehrere dünne Schichten** zu tragen als wenige dicke. Auf diese Weise kann man schneller und besser auf Temperaturschwankungen von innen und außen reagieren. Wir müssen zudem unbedingt verhindern, uns auf Grund nasser Kleidung zu erkälten, weil dies eine Schwächung des Immunsystems und damit unserer Durchhaltefähigkeit bedeuten würde.

Was wir im Winter unbedingt benötigen, ist eine warme und strapazierfähige Jacke für draußen, idealerweise auch wasserdicht oder zumindest wasserabweisend. Für drinnen oder für die Übergangszeit empfehle ich eine ärmellose Weste. Am schönsten ist es, wenn sie mit Daunen gefüllt ist. Es gibt aber auch im Bereich der Arbeitskleidung, beispielweise von *Carhartt* oder *Dickies*, Westen und Jacken, die fast genauso gut warmhalten, meist strapazierfähiger sind und nur rund die Hälfte kosten. Natürlich muss niemand, der bislang modebewusst war, sich nun gegen den eigenen Geschmack kleiden. Es gibt jedoch zwei Punkte, die dagegen sprechen, sich besonders extravagant zu kleiden:

- Die Kleidung sollte zuallererst immer praktisch und sinnvoll sein.
- Je bunter und auffälliger man sich kleidet, desto mehr Aufmerksamkeit zieht man auf sich – das ist definitiv das Letzte, was man möchte, wenn draußen Chaos und Anarchie herrschen.

Im Winter sind warme Schals, Mützen und **Handschuhe** wichtig, ebenso vernünftige **Arbeitshandschuhe**, egal ob zum Holzsammeln oder Holzhacken. Zum Umstechen der Erde oder für Umbauarbeiten am Haus braucht jeder gute Arbeitshandschuhe – allen voran jene unter uns, die harte Arbeit nicht gewohnt sind und sehr weiche, empfindliche Hände haben. Ich empfehle immer, mehrere Paare vorrätig zu haben, wenn möglich auch in dünnerer und in dickerer Ausführung für jede Wetterlage. Für nasses Wetter empfehle ich eine wasserdichte **Regenhose zum Überziehen**, vor allem, wenn Deine Heizmöglichkeiten (zum Trocknen der Kleidung) beschränkt sind.

Ganz wichtig ist **gutes Schuhwerk**. Speziell all jene, die am Tag X einen längeren Marsch vor sich haben, brauchen gute Wanderschuhe, idealerweise eine dünnere, leichte Sommervariante und einen dickeren, wasserfesten Schuh für den Winter. Wichtig: *Du musst die Schuhe nach dem Kauf einlaufen!* Das heißt, dass Du sie für mehrere Tage tragen solltest, wobei Du die Tragezeit steigerst – von einer Stunde bis hin zu einem ganzen Tag. Wer in einen völlig neuen Wanderschuh steigt und damit zehn oder fünfzehn Stunden herumläuft, wird sonst Blasen bekommen, die sehr hinderlich sind. Sollte sich ein Schuh an einer Stelle als zu eng erweisen, so kann man mit einem Dehnungsspray Abhilfe schaffen. In jedem Fall sollten unerfahrene Wanderer Blasenpflaster dabei haben.

Schlaf und Regeneration

Guter Schlaf ist wichtig, damit wir geistig und körperlich regenerieren können. Wer auf Grund von Stress und Angst nicht zur Ruhe kommt und keinen Schlaf findet, kann dem mit **Melatonin** entgegenwirken. Melatonin ist ein körpereigenes Hormon, das in der Zirbeldrüse (Epiphyse) aus Serotonin gebildet wird. Es steuert den Tag-Nacht-Rhythmus des menschlichen Körpers und wirkt schlaffördernd. Anders ausgedrückt sagt es dem Körper, wann es Zeit ist zu schlafen. Da viele Menschen heute einen Mangel an natürlichem Melatonin aufweisen, haben sie Schlafprobleme. Dem kann man mit der Beigabe von Melatonin in Kapselform entgegenwirken. Idealerweise nimmt man sie eine Stunde vor dem Zubettgehen ein. Die Dosierung sollte nach einem Blutbild in Absprache mit einem Arzt stattfinden. Da ich kein Arzt bin, darf ich diesbezüglich auch keine Ratschläge geben, aber in den meisten Fällen sollten Tagesrationen zwischen 10 mg und 20 mg ideal sein. Da die Bildung von Melatonin im Körper durch Licht gestört wird, ist der gesündeste und tiefste Schlaf in der Regel der in völliger Dunkelheit. Es sollte also möglichst wenig Streulicht von draußen ins Schlafzimmer kommen – was im Falle eines Blackouts kein Problem sein sollte.

Melatonin ist zwar ein körpereigenes Hormon, also in dem Sinne kein Medikament, es wird aber in manchen Ländern als solches bezeichnet und behandelt. Während man es in den USA in jedem Drugstore rezeptfrei käuflich erwerben kann, gilt es in der EU als „Arzneimittel“ und wir in jedem Land anders gehandhabt. In Deutschland ist es ab einer Dosis von einem Milligramm verschreibungspflichtig, in der Schweiz derzeit nur als Wirkstoff in Schlafmitteln für Menschen ab 65 Jahren zugelassen, kann aber in anderen Dosierungen über den Onlinehandel bezogen werden. In Österreich ist der Versandhandel mit Arzneimitteln verboten, weshalb der Zoll auch alle Bestellungen aus dem Ausland abfängt. Melatonin ist hier generell verschreibungspflichtig und nur in der Apotheke erhältlich.

In dem Zusammenhang sei nochmals erwähnt, dass das in Mitteleuropa heimische „Superfood“ ***Walnuss*** Melatonin enthält und neben anderen positiven Wirkungen auch den Wach-Schlaf-Rhythmus verbessern kann. Wenn Du also Probleme beim Einschlafen hast, dann solltest Du etwa ein bis zwei Stunden vor dem Zubettgehen entweder einige Kapseln Melatonin (*die Dir vom Arzt empfohlene Dosis*) zu Dir nehmen oder einige Walnüsse knabbern, was im Übrigen nicht nur gut schmeckt, sondern im Grunde kostenlos ist, da es fast in jedem Park und in vielen Alleen und Grünstreifen Walnussbäume gibt. Auch wenn die Nüsse im Oktober reifen und abfallen, kann man in der Nähe der Bäume, unter dem Laub versteckt, selbst im Frühjahr noch zahlreiche Nüsse finden.

Schlafsack oder Bettwäsche

Im Falle eines Blackouts im Winter müssen Mitteleuropäer in wenig oder gar nicht beheizten Wohnräumen auch mit Temperaturen von unter 10°C rechnen. Dementsprechend wird Dir Deine gewohnte Bettwäsche nachts vielleicht zu dünn sein. Hier kommt der **Schlafsack** ins Spiel. Den gibt es in verschiedenen Ausführungen, entweder rechteckig oder als Mumienschafsack, was meiner Meinung nach besser ist, weil Mumienschlafsäcke einfach besser warmhalten.

Beim Schlafsack gilt wieder, dass es Luxusvarianten in Daune gibt und einfachere, billigere Ausführungen. Es gibt Schlafsäcke, die selbst bei Temperaturen von bis zu -30°C warmhalten, was niemand im Flachland brauchen wird, schon gar nicht, wenn er drinnen schläft. Daher muss sich jeder überlegen, was genau seine persönlichen Ansprüche sind und sich dann am besten im Outdoor- oder Army-Laden beraten lassen und vielleicht sogar verschiedene Modelle ausprobieren. Wer – etwa auf dem Fluchtweg – im Freien übernachten muss, sollte darauf achten, dass der Schlafsack warm, aber gleichzeitig nicht zu schwer ist, denn nach einigen Stunden Marsch macht sich jedes Gramm bemerkbar. Zudem benötigt man im Freien eine Isomatte oder Luftmatratze und einen Biwaksack, also eine wasserdichte Kunststoffhülle, die man über den Schlafsack ziehen kann. Damit bleibt man selbst bei Regen trocken.

Wer den Ernstfall an seinem derzeitigen Wohnort aussitzen möchte, sich jedoch in einer solch engen Hülle nicht wohlfühlt, dem empfehle ich ein Upgrade zu dickeren und möglichst auch größeren Bettdecken (Plümos), denn es gibt kaum etwas Schlimmeres, als nachts zu frieren.

Mentale Stärke

Wer bislang keinen Sport betreibt, nicht meditiert, Yoga, Tai Chi oder Ähnliches ausübt, sollte dringend damit anfangen, weil alle diese Tätigkeiten zentrieren und die Konzentrationsfähigkeit steigern. Neben der körperlichen Fitness ist im Katastrophenfall auch ein ruhiger Geist hilfreich. Das, was dann um uns herum passiert, wird sehr herausfordernd, und es wird uns definitiv aus unserer Komfortzone herauszwingen. Das heißt, dass wir uns unfreiwillig in völligem Neuland befinden, was für die meisten Menschen große Anstrengung und Verunsicherung bedeuten wird. Da es aber gerade in Zeiten von Chaos wichtig ist, sich vom morphogenetischen Feld der Masse abzukoppeln, um bei sich selbst zu bleiben und die eigene innere Stimme zu hören, ist jede konzentrationsfördernde Technik ein wichtiges Überlebenswerkzeug. Mentale Stärke ist mindestens so wichtig wie physische Kraft.

Der schnellste Weg für alle, die ansonsten keine Übung in Meditation oder mentalem Training haben, ist die bewusste und tiefe Atmung. Über die Atmung steuern wir unsere Lebensenergie. Richtiges Energiemanagement hat immer mit kontrollierter Atmung zu tun. Im Folgenden füge ich als Ergänzung eine kurze, simple Atemübung ein. Wer sich eingehender mit dem Thema befassen möchte, dem kann ich mein Buch »Jetzt geht's los« empfehlen.

Atemübung: Schließe einfach die Augen. Atme mehrmals tief ein und aus. Atme durch die Nase ein, und fülle Deinen gesamten Brust- und Bauchraum mit Luft und Energie. Atme durch den Mund aus, indem Du die Luft von unten nach oben wieder ausströmen lässt. Finde dabei Deinen eigenen Rhythmus. Wenn Du magst, atme geräuschvoll aus, sodass Du alle Anspannung aus Deinem Körper entweichen lässt.

Je öfter Du diese simple Übung wiederholst, desto schneller wirst Du künftig selbst mit wenigen bewussten Atemzügen in der Lage sein, zurück in Deine Mitte zu kommen. Verstärken kannst Du die Wirkung mit Hilfe einfacher Mantras, die Du frei nach Deinen Bedürfnissen wählen kannst. Je öfter Du ein Mantra wiederholst, desto schneller wird es seine Wirkung entfalten. Im Grunde tust Du damit nichts anderes als der Kirche, der Werbung und der Regierungspropaganda eigene Glaubenssätze entgegenzusetzen. Achte bei der Formulierung Deines „Glaubenssatzes" aber unbedingt darauf, dass er immer positiv und in der Gegenwartsform formuliert ist, beispielsweise: „*Ich bin immer sicher, beschützt und geführt!*"

Hygiene

Körperhygiene ist nicht nur für die Menschen um uns herum wichtig. Jeder von uns fühlt sich deutlich wohler, wenn er oder sie gewaschen und sauber ist. Wohlbefinden wiederum steigert die eigene Leistungsfähigkeit. Man sollte sich also auch in Krisenzeiten nicht unnötig gehen lassen. Auch ohne heißes Wasser aus dem Hahn kann man sich mit einem Stück Seife und einem Waschlappen am Waschbecken waschen. Neben flüssigen Shampoos in Flaschen gibt es auch Haarseife, die extrem lange haltbar, sehr ergiebig und platzsparend ist. Am einfachsten ist es natürlich, sich am Fluss oder See zu waschen, noch besser ist ein Bad im Meer, aber das haben nur die Wenigsten von uns direkt vor der Haustür. Im Sommer kann das jeder machen, aber im Winter muss man dafür schon extrem abgehärtet sein, was nur die Wenigsten sind.

Wer Wasser erwärmen kann, dem empfehle ich eine simple **Campingdusche**. Das ist im Grunde ein schwarzer Plastikbeutel mit einem kleinen Duschkopf dran. Im Sommer kann man ihn in die Sonne legen und er erhitzt das Wasser von allein. Im Winter kann man warmes Wasser (nicht zu heiß, damit das Plastik nicht schmilzt) einfüllen, das Ganze an die Duschstange im Bad hängen und schon kann man ganz einfach den Luxus einer herrlich erfrischenden und reinigenden Dusche genießen. In der einfachsten Variante ist eine solche Campingdusche, die verstaut kaum Platz braucht, schon ab 15 Euro zu bekommen.

An Folgendes solltest Du im Zusammenhang mit der Körperhygiene denken:

- Körperseife und Haarseife
- Deodorant
- Manuelle Zahnbürste und Zahnpasta

- Campingdusche
- Rasierzeug für Männer
- Hygieneartikel (wie Tampons) für Frauen
- Hygieneartikel für Babys und Kleinkinder (bspw. Windeln)
- Toilettenpapier (ein durchschnittlicher Erwachsener braucht 2 Rollen pro Woche)
- Feuchttücher
- Küchenrollen (Küchentücher) – damit kannst Du zusammen mit nur wenig Wasser Dein Küchengeschirr sauber halten.
- Müllbeutel

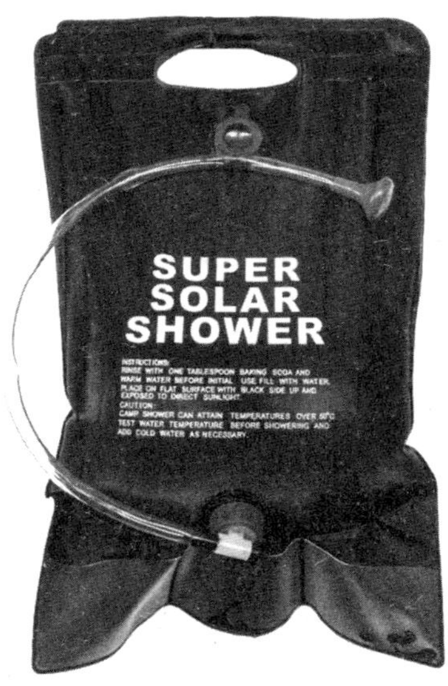

Abb. 10: Beispiel für eine Solar-Camping-Dusche mit 20-Liter-Kapazität und eingebauter Temperaturanzeige.

Medikamente und Erste Hilfe

Bereits im Sommer 2022 waren in mehreren europäischen Ländern bestimmte Arzneimittel rar oder nicht mehr erhältlich. Pharmazeutische Betriebe mussten auf Grund der Energieknappheit und zu hoher Preise die Produktion einstellen. Bei einem Blackout werden die Apotheken geschlossen sein. Lkw können nicht fahren. Alle internationalen Lieferketten wären komplett unterbrochen, sodass es selbst nach Ende des Blackouts mehrere Monate dauern könnte, bis es wieder ein halbwegs umfassendes Angebot an Medikamenten für alle gibt.

Daher sollten vor allem all jene Menschen vorsorgen, die **chronisch krank** sind. Wer beispielsweise **Insulin** benötigt, sollte sich **einen möglichst großen Vorrat** anlegen und sich überlegen, wie man die Haltbarkeit am besten verlängern kann. Da diese Medikamente aber in der Regel eine eher kurze Haltbarkeit haben, solltest Du Dir rechtzeitig eine sichere und zuverlässige Quelle suchen, über die Du auch im Notfall die für Dich lebenswichtigen Arzneimittel bekommen kannst. Sieh zu, dass Du einen geistig aufgeschlossenen Arzt, Apotheker oder Mitarbeiter in der Pharmaindustrie findest und sprich sie auf diese Problematik an, denn vielleicht gibt es dafür auch unkonventionelle Lösungen. Frag zudem in Deinem zuständigen Gesundheitsamt nach, ob es für solche Fälle Vorkehrungen gibt.

Ende 2022 wurde in Deutschland angeblich an der Errichtung sogenannter **Katastrophenschutz-Leuchttürme** gearbeitet. Das sollen mit Notstrom versorgte, beleuchtete Anlaufstellen für die Bevölkerung sein, wo die Menschen im Falle eines Blackouts Informationen und Hilfe in Form von Wärmeräumen, Wasser und Nahrungsmitteln bekommen sollen. In Berlin sollen 18 solcher mit Notstrom versorgter Kat-Türme entstehen. Bei einer Bevölkerungszahl von knapp 4 Millionen macht das rund 220.000 Einwohner pro „Leuchtturm“. Erkennst Du den Fehler im System?[(10)]

Da meiner Meinung nach also niemand von uns mit effektiver Hilfe und Unterstützung von Seiten der Regierenden rechnen darf, würde ich unbedingt empfehlen, Nachfolgendes zu besorgen:

- einen **KFZ-Verbandskasten**
- Für einen Mehrpersonenhaushalt empfehle ich zusätzliches **Verbandszeug** und sterile **Mullbinden.**
- **Pflaster** in unterschiedlichen Größen
- **Desinfektionsmittel** (wie Jod oder Alkohol – am besten Wodka, der desinfiziert, tötet Bakterien ab und ist für die Reinigung der Haut und glatter Oberflächen bestens geeignet)
- **Schmerzmittel** in verschiedenen Stärken (Aspirin, Ibuprofen) – je stärker, desto besser, im Notfall kannst Du sie immer noch halbieren oder dritteln.
- **Kohletabletten** oder andere Mittel gegen Durchfall
- **Elektrolyte** zum Ausgleich bei Flüssigkeitsverlust
- **Erkältungsmittel** wie *Metavirulent*, *Sinusitis* o.Ä., je nach Vorliebe und Erfahrung
- bei Bedarf **Antiallergika** wie *Ceterizin* (gegen Heuschnupfen uvm.)
- zur Sicherheit ein **Breitband-Antibiotikum** (achte auf Unverträglichkeiten)
- **steriles Naht-Set** zum Nähen von Wunden

Ergänze diese Liste Deinen eigenen Bedürfnissen entsprechend, je nachdem, was Du, Dein Partner und Deine Kinder ganz individuell brauchen, beispielsweise **Augentropfen** oder **Asthmasprays.** Wer auf **Kontaktlinsen** angewiesen ist und Wochen- oder Monatslinsen nutzt, sollte sich einen entsprechenden Vorrat anlegen und auch an die passenden Aufbewahrungslösungen denken.

In den Broschüren des Katastrophenschutzes wird auch immer wieder angeraten, **Hautsalben** wie *Elocon* oder ähnliche vorrätig zu halten. Ich persönlich wäre damit jedoch vorsichtig, vor allem, wenn man damit keine Erfahrung hat, denn all diese Medikamente können auch Nebenwirkungen haben. Meiner bescheidenen Meinung nach hilft **Aloe Vera** bei nahezu allen Hautproblemen, bei Verbrennungen, Juckreiz, Ausschlägen und vielem mehr. Jeder kann eine Pflanze im Topf im Zimmer halten und bei Bedarf ein Blatt ab- und dann aufschneiden und den Blattinhalt auf die Haut auftragen. Wer das nicht hinbekommt, kann sich mit Aloe-Vera-Gel in der Tube bevorraten.

Zeit

Zeit wird während eines lange andauernden Blackouts eine besondere Rolle spielen, denn wenn alle Handys leer sind, öffentliche Uhren stehen und die Kirchenglocken stumm bleiben, dann wird manch einer sich wünschen, er hätte noch seine alte Automatik-Armbanduhr, die ganz ohne Strom funktionierte. Solange das Handy Saft hat, sollte die Uhr noch halbwegs genau gehen, doch wenn die Batterie einmal leer war, dürfte es das dann wohl gewesen sein, da das Handy seine Zeitangabe über das Internet bezieht.

Zeit könnte deshalb wichtig sein, weil man sich vielleicht zu bestimmten Zeiten mit anderen Personen verabreden möchte oder wenn es nur zu bestimmten Zeiten Strom gibt und man darauf vorbereitet sein möchte. Es wäre auch möglich, dass Medikamenten-Ausgabestellen nur zu bestimmten Zeiten geöffnet haben. Falls Du also vorhattest, Deine alte Automatik-Armbanduhr wegzugeben, denk noch einmal darüber nach.

Die meisten von uns werden in Blackout-Zeiten nicht ihrer gewohnten Arbeit und ihren sonstigen gewohnten Aktivitäten nachgehen können, was einen Verlust der gewohnten Strukturen bedeutet. Wer also nicht den ganzen Tag mit Holzhacken und Wasserschleppen beschäftigt ist, wird vielleicht mehr freie Zeit haben als gewohnt. Mehrpersonenhaushalte sollten daher daran denken, vielleicht genügend Brettspiele im Haus zu haben. Mit einem Mal könnte das simple „Mensch ärgere Dich nicht“ wieder Hochkonjunktur erleben. Vielleicht kommt ja sogar „Sackhüpfen“ wieder in Mode, alles, was man dafür benötigt, sind zwei oder mehr Kartoffelsäcke. Dabei wird einem nicht nur sehr schnell wieder warm, die Nachbarn unter Euch wissen so auch gleichzeitig, dass Ihr noch am Leben und wohlauf seid.

Werkzeug/Utensilien

Handwerkliche Fähigkeiten sind während aller Arten von Ausnahmesituationen von Vorteil. Wer sonst schon einen Handwerker ruft, um eine Glühbirne wechseln oder einen Nagel einschlagen zu lassen, wird in Zeiten ohne Kommunikationsmöglichkeiten besondere Herausforderungen erleben. Lass mich daher zusammenfassen, was ich in diesem Zusammenhang für unverzichtbar halte:

- Gewebeband, auch „**Gafferband**" oder „Panzerband" genannt, könnte in Krisensituationen Dein bester Freund werden, denn man kann damit Kleidung oder Zeltplanen flicken oder Fenster und Türen abdichten, Dinge an der Wand befestigen oder ein Messer an eine Stange binden, um einen Speer zu basteln. Davon kann man nie genug vorrätig haben, denn es lässt sich auch leicht wieder abmachen, und man kann es reißen. Man braucht also keine Schere dafür.
- **Kombizange**
- **Hämmer** in verschiedenen Größen
- verschiedene **Schraubendreher** (Kreuz- und Schlitz)
- **Schrauben** und **Nägel** in verschiedenen Größen
- **Holz-Bogensäge**
- **Schraubenschlüssel-Set**
- **Arbeitshandschuhe**
- **Nähzeug**
- **Axt** und **Schleifstein**
- großes, scharfes **Messer** (Militär- oder Jagdmesser)
- manueller **Dosenöffner**
- **Nussknacker**

Geld und Gold

Während eines Stromausfalls fallen nicht nur alle Kassensysteme aus, auch alle digitalen Transaktionen (Banküberweisungen, Kryptowährungen, Paypal, Applepay usw.) sind unmöglich. Daher sind Bargeld, Gold und Silber von größter Bedeutung. Wie viel Du davon jeweils vorrätig halten solltest, ist schwierig zu beantworten, da es von Deinen persönlichen Möglichkeiten und Bedürfnissen abhängt. Da in Zeiten äußerst begrenzten Warenangebots die Preise sehr stark steigen werden, würde ich salopp sagen: je mehr, desto besser. Denn bedenke, dass während eines Blackouts auch kein Bargeldautomat funktioniert. Was Du vorrätig hast, ist das, womit Du auskommen musst, für Tage, Wochen oder Monate.

Deshalb würde ich zu **Bargeld** in Höhe von mindestens tausend Euro raten, möglichst **in kleinen Stückelungen**, also 5-Euro-, 10-Euro-, 20-Euro- und 50-Euro-Scheine.

Gold und **Silber** sind im Grunde das einzig wahre Geld, was sich in Krisenzeiten auch immer wieder bewiesen hat. Sinnvoll sind vor allem Bullion-Münzen (Anlagemünzen), also Münzen, die aus reinem Gold oder Silber (999,9) bestehen und offizielles, staatlich emittiertes Zahlungsmittel sind. In eingeschränktem Maße wird man auch „Kurantmünzen" (Umlaufmünzen), wie den Schweizer Goldvreneli, nutzen können. Sonder- oder Gedenkmünzen oder Ähnliches kann man vergessen, weil niemand weiß, wie viel Edelmetall sie enthalten und wie viel sie wert sind. Wenn dies für Dich Neuland ist, rate ich Dir, mein Buch »Der Goldkrieg« zu lesen oder einen seriösen Edelmetallhändler in Deiner Nähe aufzusuchen. Generell würde ich bei Silber auf Münzen mit 1 Unze Feingehalt setzen, bei Gold auch auf kleinere Einheiten, also ½ Unze oder ¼ Unze. In jedem Fall würde ich persönlich auch dazu raten, sich auf die bekanntesten

Münzen (*Philharmoniker, Krügerrand, Maple Leaf, Känguru, Britannia*) zu konzentrieren, da Exoten vielleicht schwerer einzutauschen sein werden.

Außerdem rate ich Dir, Deinen Kontostand, ebenso wie Deine Depotwerte im Aktien- und Kryptocoin-Bereich, regelmäßig in Papierform zu dokumentieren und gut zu verwahren – speziell nachdem Du größere Transaktionen getätigt hast. Niemand kann genau vorhersehen, wie viele Daten in den Computern der Banken während eines Blackouts verloren gehen und ob diejenigen, die zu Deinem Vorteil wären, jemals wieder gefunden werden können.

Abb. 11: Der *Goldvreneli* ist die bekannteste Schweizer Goldmünze. Auch der *Krügerrand* und der *Wiener Philharmoniker* eigenen sich hervorragend für Tauschgeschäfte in Krisenzeiten, da sie jeder kennt.

Tauschmittel

Neben Bargeld und Edelmetallen sind Tauschmittel in Krisenzeiten immer echte harte Währung. Wenn es Medikamente, Lebensmittel, Windeln oder Sprit nicht mehr auf dem üblichen legalen Weg zu kaufen gibt, dann wird es dafür einen Schwarzmarkt geben. Daher ist es ratsam, Dir vorab zu überlegen, welche Produkte Du zusätzlich in Deinen Notvorrat aufnimmst, mit dem Ziel, sie notfalls gegen anderes eintauschen zu können. Klassiker, die immer gefragt sind: **Alkohol** (Wodka, Whisky, Schnaps, Wein...) und **Zigaretten.** Knapp ein Viertel aller Deutschen raucht noch – das ist also ein großer Markt! **Streichhölzer** und Feuerzeuge werden ebenfalls knapp sein. Aber natürlich werden auch **Batterien**, **Nahrungsmittel**, **Gaskartuschen** und **Hygieneartikel** gut tauschbar sein. Dazu habe ich drei wichtige Anmerkungen:

- Sei während Deiner Vorbereitungen für das Katastrophenszenario **sehr vorsichtig**! Erzähle davon nur Personen, denen Du zu 100% vertrauen kannst! Denn wenn nach Tagen oder Wochen beispielsweise Batterien stark gefragt sind und Du in der Eckkneipe allen erzählt hast, dass Du 200 Stück für den Tag X eingelagert hast, dann wird die Meute über Dich herfallen wie Hyänen über ein angeschlagenes Zebra.
- Wenn Du zum Tauschhandel losziehst, gehe taktisch klug vor. Zum einen solltest Du zuerst herausfinden, wie die Preise auf dem Schwarzmarkt aktuell aussehen, um nicht unter Wert zu verkaufen. Zum anderen würde ich nicht mit einem ganzen Rucksack voller Güter losziehen, sondern immer nur ein oder zwei Sachen dabei haben, sonst bist Du sie ebenfalls alle sehr schnell los. Verhalte Dich **so unauffällig wie möglich**.

- Tausche nie etwas ein, das Du selbst noch dringend brauchen könntest.

Wenn Du **Brot backen** kannst, also genug Erfahrung, Mehl, Hefe oder Sauerteig hast, dann hast Du nicht nur selbst etwas davon, Du wirst auch eines der begehrtesten Tauschmittel selbst herstellen können.

Natürlich werden im Notfall auch bestimmte Dienstleistungen gefragt sein. Kannst Du gut Fahrräder reparieren? Dann lege Dir genügend Flickzeug und Werkzeug ins Depot. Handwerkliche Fähigkeiten aller Art haben den Vorteil, dass man sie Dir nicht wegnehmen kann und Du Dich damit unter Umständen für Dein Umfeld unentbehrlich machen könntest.

Prinzipiell gilt, dass Menschen, die nicht für den Nahkampf und das Überleben in freier Wildbahn ausgebildet sind, **in der Gemeinschaft bessere Überlebenschancen** haben. Lerne daher frühzeitig Deine Nachbarn kennen. Finde (vorsichtig und unaufdringlich) heraus, wer sie sind, was sie tun und was sie können. Dann weißt Du rasch, wer auf Deiner Seite ist, wem Du nicht trauen kannst und mit wem Du Dich gut ergänzen könntest.

Sieh zu, dass Du die Privatadresse eines Arztes oder einer Krankenschwester in Deiner Umgebung findest, denn das ist im Extremfall Deine einzige Chance auf medizinische Hilfe. Schwangere sollten das Thema vielleicht einmal bei ihrer Hebamme ansprechen. Wie kannst Du sie notfalls auch ohne Handy erreichen, wenn es so weit ist?

Kommunikation & Information

Wenn der Strom wegbleibt, sind Smartphones und digitale Festnetztelefone außer Betrieb. Das Einzige, was noch funktionieren würde, wären alte analoge Festnetztelefone, aber die gibt es meines Wissens nach nicht mehr. Was ebenfalls noch funktionieren sollte, sind **Satellitentelefone**, die jedoch bislang fast nur in der Seefahrt oder in sehr abgelegenen Gebieten genutzt werden, obwohl sie kaum teurer sind als herkömmliche Smartphones. Bekanntester Anbieter für Satellitentelefonie ist die Firma *Globalstar*, die unter anderem kleine Endgeräte („*Spot Connect*") von der Größe einer größeren Streichholzschachtel anbietet, die über Bluetooth-Verbindung auch auf *Android*- oder *Apple*-Smartphones Anrufe über Satelliten ermöglichen. Doch natürlich kannst Du auch damit nur denjenigen anrufen, der Verbindung hat, also andere Satellitentelefone oder Smartphones, die ebenfalls via *Spot Connect* o.Ä. Verbindung haben, und hoffentlich auch Notrufnummern.

Die größeren Radiostationen sollten noch eine Zeit lang senden können, zumindest aber sollten sie für einige Tage zu jeder vollen Stunde Nachrichten bringen. Wenn Du ein **batteriebetriebenes Radio** oder ein **Kurbelradio** besitzt, kannst Du darüber Informationen erhalten. Solange Dein Auto läuft, kannst Du ansonsten auch das Autoradio nutzen. Was diese Infos der öffentlich-rechtlichen Kanäle wert sind, steht jedoch auf einem anderen Blatt. Die wichtigsten Informationen wirst Du wahrscheinlich auf dem Schwarzmarkt bekommen, dort, wo sich Menschen tummeln, die in Kontakt mit vielen anderen Menschen stehen. Bedenke, dass Du vermutlich keine dieser Informationen wirst überprüfen können, und bleibe daher besonnen und lass Dich nicht in die Irre führen.

Die meisten batteriebetriebenen **Walkie-Talkies** (PMR-Funkgeräte) im unteren Preissegment haben meiner Erfahrung nach nur eine Reichweite von mehreren hundert Metern, selbst wenn mehrere Kilometer angegeben werden. Sie sind dafür geeignet, wenn zwei oder mehrere Menschen untereinander im Freien Kontakt halten wollen, jedoch nicht um Personen in größerer Entfernung zu erreichen. Dafür bräuchte man CB-Funkgeräte.

Analoge **CB-Funkgeräte** waren bis in die 1990er-Jahre hinein verbreitet und wurden auch oft im Privatbereich genutzt, heute fast nur noch gelegentlich von Lkw-Fahrern. Sie waren das beste kostenlose Kommunikationsmittel vor dem Siegeszug des Mobiltelefons, und wenn dessen Netz ausfällt, wären sie wohl die beste Alternative. Es gibt feste Geräte (in Fahrzeugen oder Häusern), die mit Antennen zwischen 5,5 und 6,5 m große Reichweiten von bis zu 80 km haben, oder Geräte mit Mobilantennen, die bis zu 30 km weit senden und empfangen können. Ein solches mobiles Gerät kostet rund 200 Euro aufwärts, und für die dazu passende Antenne muss man nochmals mindestens 50 Euro hinlegen. Verglichen mit einem iPhone ist das letztlich spottbillig. Mit solchen Geräten kannst Du jeden anderen CB-Funker im Radius Deiner Antenne erreichen. Auch CB-Funkgeräte benötigen ein wenig Strom (Batterien) für das Display usw., abhängig von Modell und Größe, daher bitte genau prüfen!

In dörflichen oder kleinstädtischen Strukturen ist die Kommunikation nicht schwierig, in der Großstadt aber wird sie eine Herausforderung, da ja auch Gegensprechanlagen oder Türöffner nicht funktionieren. Daher würde ich Dir dazu raten, mit Gleichgesinnten in derselben Stadt **einen Treffpunkt für den Notfall** zu vereinbaren, den Ihr Euch alle gut einprägen müsst. Beispielsweise: *Am ersten Tag nach Beginn des Blackouts um 11 Uhr am Rathaus.*

Vor allem junge Menschen, deren bisheriges Leben sich vorzugsweise im virtuellen Raum abspielte, werden mit der analogen, ihnen völlig fremden Welt große Probleme haben. Haben zwei Jahre Corona-Inszenierung bereits massive psychische Schäden verursacht, wird eine Welt ohne Strom viele der bereits Vorgeschädigten gänzlich aus der Bahn werfen. Sie werden je nach Charakter entweder explodieren oder implodieren. Wer also Teenager im Haus hat, wird noch zusätzlich gefordert sein.

Richtiges Verhalten

Du weißt nun, was im Notfall auf Dich zukommen könnte. Ich gehe davon aus, dass Du also so rasch wie möglich vorsorgst, um Dich und Deine Familie für mehrere Wochen mit Wasser, Nahrung und Wärme versorgen zu können. Da Du an dieser Stelle manches, was wir bereits gestreift hatten, in einem anderen Licht sehen wirst, möchte ich nun meine Gedanken zum richtigen Verhalten im Notfall zusammenfassen. Auch hier gibt es keine perfekte Lösung für jedermann, weil wir zum einen alle unterschiedliche Bedürfnisse und Möglichkeiten haben und zum anderen alle woanders sein werden, wenn der Blackout eintritt. Daher gibt es keine unbedingt klare Reihenfolge oder feste Abläufe. Ich bitte Dich, einfach die folgenden Verhaltensregeln und Gedanken zu verinnerlichen:

- Falls Du zuhause bist, sieh aus dem Fenster, um festzustellen, ob Du als Einziger kein Licht mehr hast. Wenn ja, geh zum Sicherungskasten und klappe den entsprechenden FI-Schalter wieder hoch. Falls Deine gesamte Umgebung betroffen ist und es dunkel ist, gehst Du **auf dem kürzesten Weg zu Deiner Taschen- oder Stirnlampe**, um Dich sicher und risikolos bewegen zu können.
- Bleibe ruhig und besonnen. Atme mehrmals tief ein und aus, und vertraue auf Deine guten Vorbereitungen und Deine innere Führung! Manifestiere: ***„Ich bin immer sicher, geführt und beschützt! Alles ist gut!“***
- Sollte es kalt sein, dann triff Deine Vorkehrungen, um Deine **individuelle Heizmöglichkeit** und Deine **zusätzlichen Lichtquellen** zu **aktivieren.**
- **Bleibe selbst ruhig** und beruhige alle Menschen in Deinem direkten Umfeld, allen voran Kinder.

- **Dreh den Kaltwasserhahn an der Badewanne voll auf** und fülle die Wanne so voll wie möglich. Fülle zudem so viele Kanister und Flaschen, wie Du kannst.
- Versuche via Telefon Kontakt mit Menschen in weiterer Entfernung aufzunehmen, um herauszufinden, ob es sich um einen regionalen Blackout handelt oder um ein größeres Ereignis. Je mehr Regionen oder Länder betroffen sind, desto länger werden der Stromausfall und die Nachwehen dauern.
- Wenn Du in einem Haus mit **Aufzug** lebst, **sieh nach, ob Menschen darin eingeschlossen sind** und versuche, sie zu beruhigen. Wenn es möglich ist, dann hilf, den Fahrstuhl manuell in den nächsttieferen Stock abzulassen.
- Sieh nach, ob einer Deiner **Nachbarn** vielleicht **Hilfe** benötigt.
- Gehe jedoch **keine unnötigen Risiken** ein! Spiele nicht den Helden! Deine eigene Sicherheit sollte immer vorgehen, denn nur wenn es Dir körperlich und psychisch gut geht, bist Du auch in der Lage, anderen zu helfen.
- **Stecke** alle sensiblen und teuren **Endgeräte**, wie Fernseher, Stereoanlagen und Laptops, unbedingt **aus**, denn wenn der Strom (vielleicht mit Schwankungsproblemen) wieder eingeschaltet wird, dann kann das die Geräte beschädigen oder ganz zerstören.
- Die größeren Radiostationen sollten noch eine Zeit lang senden können, zumindest aber sollten sie für einige Tage noch **Nachrichten zu jeder vollen Stunde** bringen. Wenn Du ein batteriebetriebenes oder ein Kurbelradio hast, kannst Du darüber Informationen erhalten. Solange Dein Auto läuft, kannst Du ansonsten auch das Autoradio nutzen.
- Wenn Du in der Großstadt abends Deine Solar- oder Gaslaternen oder sonstigen Lichtquellen anschaltest, solltest Du

vorher unbedingt alle **Fenster möglichst dicht verhängen**, denn wenn Dein Fenster weit und breit das einzig hell erleuchtete ist, wird das Licht die Unvorbereiteten anziehen wie die sprichwörtlichen Motten.

- **Teile Dir Deine Vorräte gut ein**, aber vergiss nicht, Dich (und Deine Familienmitglieder) auch zwischendurch immer wieder ein wenig zu **verwöhnen.** Da die Situation eine große physische und psychische Belastung für alle darstellt, ist es wichtig, bei Laune zu bleiben.
- Achte auf Deine Gesundheit, denke an eine möglichst ausgewogene Ernährung und an die Einnahme von Vitaminen. **Trinke genug Wasser.** Sorge für erholsamen und ausreichenden Schlaf.

Falls Du vorhast, im Katastrophenfall nicht an Deinem Wohnort zu bleiben, so hast Du hoffentlich Deinen Notfallrucksack immer griffbereit. Solltest Du den geordneten Rückzug **mit dem Auto** antreten wollen, achte darauf, nicht gleichzeitig mit allen anderen loszufahren. Je früher Du aufbrichst, desto ruhiger und sicherer wird die Lage draußen sein. Solltest Du **mit dem Fahrrad** unterwegs sein, bist Du vielleicht gut beraten, weniger befahrene Nebenstrecken zu nehmen. Musst Du **zu Fuß fliehen**, dann bist Du in der Gruppe sicherer, zumindest wenn Du die anderen kennst und ihnen vertrauen kannst.

Falls Du oft **mit dem Zug** unterwegs bist, möchte ich Dir folgende Gedanken mit auf den Weg geben: Stell Dir vor, dass der Blackout zuschlägt, während Du in einem ICE zwischen München und Berlin sitzt. Solltest Du sehr gut zu Fuß sein, dann kannst Du pro Tag vielleicht bis zu 40 km schaffen. Solltest Du also 200 km von Deinem Zielort entfernt sein, dann bräuchtest Du bis dahin fünf Tage. Du bräuchtest also viel Proviant und müsstest viermal übernachten, ehe Du zuhause ankommst. Sollte das Deine Bestimmung sein, geh immer entlang der Bahnlinie, denn da hast Du keine Hürden wie Zäune oder Flüsse zu überwinden.

Das ist nur einer von vielen Gründen, warum ich schon lange nicht mehr mit dem Zug reise. Sollte es sich für Dich aber nicht vermeiden lassen, so ziehe zumindest in Erwägung, statt einem Koffer einen Rucksack dabei zu haben. Des Weiteren würde ich Dir gutes Schuhwerk und warme Kleidung empfehlen, am besten auch einen Schlafsack und einen Biwaksack sowie ausreichend Proteinriegel. Am wichtigsten ist jedoch, genug Bargeld dabei zu haben. Denn ich persönlich würde mich in einem solchen Fall **so rasch wie möglich** zum nächsten größeren Ort durchschlagen und versuchen, ein Taxi zu finden, das mich zu meinem Zielort bringt – koste es, was es wolle. Preiswerter wird es vermutlich, wenn Du andere Mitreisende findest, die sich Dir anschließen und das Taxi mit Dir teilen. Aber: Je schneller Du reagierst, desto größer ist die Chance, dass Dich jemand fährt.

Ein Fakt, den offenbar auch niemand zu bedenken scheint, ist, dass neben dem Müll auch die Kanalisation zu einem großen Problem werden dürfte. Wenn mehrere hunderttausend oder Millionen Menschen weiterhin ihre Toiletten nutzen, aber das Abwasser von Duschen, Spül- und Waschmaschinen fehlt, was sonst den Exkrementen hilft, die mehrere Kilometer bis zur Kläranalage rasch zurückzulegen, dann wird es in den Straßen schon nach wenigen Tagen erbärmlich stinken. Und sollten viele Mitbürger zu doof oder zu faul sein, sich Wasser für die Spülkästen ihrer Toiletten zu besorgen, dann werden sie wohl oder übel alle ihr „großes Geschäft“ im nächsten Park oder am nächsten Spielplatz verrichten. Wer direkt daneben wohnt, tut mir jetzt schon leid. Das ist ein weiterer Grund, warum ich persönlich ein solches Ereignis niemals in einer Großstadt aussitzen wollte.[13]

Zudem ist zu berücksichtigen, dass Häuser, deren Abwasserrohre unter Straßenniveau liegen, die Fäkalien nur mittels Hebeanlagen (Pumpen) nach draußen leiten können. Wenn der Strom ausfällt und für diese Pumpen keine Notstromversorgung vorliegt, dann stauen die Fäkalien sich zurück und kommen im ungünstigsten Fall durch die Toiletten wieder heraus. Besonders in Hochhäusern mit Hebeanlage würde ich in einem solchen Fall nicht in einem der unteren Stockwerke wohnen wollen.[14]

Auch die **Peripherie einer großen Stadt** (Vororte) wird es zeitweilig nicht sehr viel besser haben. Denn nach spätestens drei Tagen werden alle Geschäfte in der Innenstadt leergeräumt sein, und dann werden sich die Plünderungen nach außen hin fortsetzen. Wenn es keine gemeinschaftliche Verteidigung eines Territoriums gibt, also eine Bürgerwehr, dann kann ich nur nachdrücklich dazu raten, sich möglichst unauffällig zu verhalten, wenn die hungrige Meute anrückt. Sie wird nicht lange bleiben, sondern immer weiter ziehen, weg von der Stadt, um ihren Hunger zu stillen.

Alles was wertvoll aussieht sollte verschwinden, teure, auffällige Autos entweder in der Garage oder weiter weg geparkt werden. Von außen sollte nie Licht zu erkennen sein. Ich wäre auch vorsichtig mit dem Rauch aus dem Schornstein. Ich kann nur dazu raten, sich im Vorfeld über solche Szenarien Gedanken zu machen und einen Notfallplan zu entwickeln, am besten zusammen mit gleichgesinnten Nachbarn.

Am sichersten werden wohl die Menschen auf dem Land sein, in kleinen dörflichen Gemeinschaften. Zum einen sind sie meist bis auf die Zähne bewaffnet, zum anderen weit genug von den Großstädten entfernt, um vom hungrigen Mob zu Fuß erreicht zu werden.

Waffen und Selbstverteidigung

An dieser Stelle möchte ich noch kurz etwas zum Thema „**Waffen und Selbstverteidigung**“ anmerken: Manche Experten raten dazu, sich entsprechend der jeweiligen nationalen Gesetzgebung zum Selbstschutz zu bewaffnen. Da ist dann die Rede von Pfeffersprays, Schreckschusspistolen oder sogar Schrotflinten. Ich persönlich sehe dies jedoch sehr skeptisch. Warum?

Wenn man eine Waffe auf einen anderen Menschen richtet, so muss man davon ausgehen, dass der Betreffende ebenfalls bewaffnet ist und von seiner Waffe Gebrauch macht. Dann geht es um die Frage, wer schneller schießt. Das ist in der Regel entweder derjenige, der überrascht wird und nicht denkt, oder derjenige, der mehr Übung und weniger Skrupel hat.

Mit einer Schreckschusspistole auf jemanden zu zielen, der vielleicht scharf bewaffnet ist, kommt meiner Meinung nach einem geplanten Suizid gleich. Nach Angaben des *Small Arms Survey* waren in Deutschland im Jahr 2005 angeblich etwa 30 Millionen Schusswaffen im Umlauf, wovon aber nur 7,2 Millionen registriert waren. Damit kämen rund 30 Schusswaffen auf 100 Einwohner.(16)

In der Schweiz sollen zwischen 2,3 und 3,4 Millionen Waffen im Umlauf sein, was bis zu 42 Waffen auf 100 Einwohner wären.(17)

Es ist kein Geheimnis, dass ein großer Teil der westlichen Waffenlieferungen an die Ukraine im Jahr 2022 in die Hände von Kriminellen und dubiosen Waffenhändlern gelangte, was bedeutet, dass auch im deutschsprachigen Teil von Europa aktuell noch wesentlich mehr illegale Waffen im Umlauf sein dürften, als man ahnt. Diese werden vermutlich in den Händen von Personen sein, die wenig Skrupel haben, sie auch zu benutzen. An der Stelle erinnere ich auch nochmals daran, dass ein mittlerweile beträchtlicher Teil der Bevölkerung aus Kriegs- oder Bürgerkriegsgebieten zugewandert ist und diese Menschen, wenn es eng wird, mit hoher Wahrscheinlichkeit schneller agieren als Du. Bedenke auch, dass ein weiterer beträchtlicher Teil der Bevölkerung dauerhaft auf Drogen ist – ich würde schätzen, rund jeder Fünfte. Egal ob es sich dabei um legale oder illegale Drogen handelt, die meisten davon haben den Zweck, abzustumpfen. Daher: Wenn Du auf jemanden eine Waffe richtest, musst Du dazu bereit und in der Lage sein, als Erster abzudrücken und zu töten! Bist Du das? Bist Du das wirklich?

Lass es mich klar und unmissverständlich sagen: Wenn Du gerne eine Waffe zur Selbstverteidigung hättest, rate ich Dir dringend dazu, eine umfassende Ausbildung zu machen und so viel praktische Erfahrung wie möglich zu sammeln. Das bedeutet, dass Du einen Waffenschein beantragen, Dich im Schützenverein anmelden oder eine Ausbildung zum Jäger machen musst und unter sicheren Bedingungen (auf einem Schießstand) so viele Patronen abfeuern solltest wie möglich.

Denn wenn Du Dich tatsächlich jemals in einer lebensbedrohlichen Situation befinden solltest, musst Du die Waffe, die Du nutzen möchtest, in- und auswendig kennen. Du musst automatisch in Sekundenbruchteilen entscheiden und handeln können. Du musst sie mit verbundenen Augen laden, entsichern und abfeuern können, ohne Dich selbst oder Unschuldige dabei zu verletzen oder zu töten. Du musst die Lage mit einem Blick erfassen und richtig einschätzen können. Wenn Du das nicht kannst, ist es mit hoher Wahrscheinlichkeit besser, Du ziehst Dich zurück oder gibst nach, aber Du überlebst. Auf einen Menschen zu schießen, ist nicht so einfach, wie Du das aus den unzähligen verharmlosenden Filmen kennst. Die meisten Menschen würden noch nicht einmal auf ein Tier schießen können. Natürlich kann eine große bewaffnete Gruppe, also eine

Art „Bürgerwehr“ oder „Bürgergarde“, eine abschreckende Wirkung haben. Aber als Einzelner eine Waffe auf andere zu richten, ist eine ganz andere Geschichte.

Ich sage damit nicht, dass ich den Wunsch mancher Menschen nach effektiver Selbstverteidigung nicht nachvollziehen kann, ich sage nur, dass es etwas ist, das reichlicher Überlegung, langfristiger Planung und sehr viel Übung und Routine bedarf. Daher nochmals als Warnung: Wenn Du eine Waffe zückst, musst Du schneller sein als Dein Gegenüber, und Du musst bereit sein, zu töten! Wenn Du das nicht kannst, lass die Finger davon und tu stattdessen alles, um im Krisenfall nicht aufzufallen, um zu deeskalieren oder um zu fliehen.

Zu guter Letzt

Während ich Anfang Oktober 2022 die letzten Zeilen dieses kurzen Buches schreibe, scheint es fast so, als wäre der drohende Blackout im Winter 2022/23 gar nicht unser größtes Problem. Deutschland, der einstige Motor Europas, befindet sich offenbar im Modus ekstatischer Selbstzerstörung. Sein angeblich gewähltes Führungspersonal macht Anstalten, dem Wort „Dilettantismus“ eine völlig neue Bedeutung zu geben, und da kein anderes Land auf dem alten Kontinent die Führungsrolle übernehmen möchte, droht Europa schneller in den Untergang zu steuern als die einst für ebenso unsinkbar gehaltene Titanic.

Zwei Jahre Corona-Inszenierung hatten ohnehin bereits Lieferketten und eingespielte Abläufe durcheinandergebracht und zudem dafür gesorgt, dass ein Großteil der wichtigen ausländischen Arbeitskräfte den reichen Ländern Europas fernbleibt. Nun erreichen uns fast im Stundentakt Nachrichten über Firmenpleiten und über Unternehmen, die dem einstigen Land der Dichter und Denker den Rücken kehren. Zudem wandern immer mehr Privatpersonen aus, selbst nach Ungarn und in andere südosteuropäische Länder. Es sind vor allem viele Leistungsträger, die genug von dem politisch inszenierten Irrsinn und der Perspektivlosigkeit haben. Was zurückbleibt, ist nur noch ein Schatten dessen, was Deutschland einmal war. Und der Rest Europas sieht verwirrt und hilflos zu.

Mehr und mehr Menschen leiden unter den Nebenwirkungen der „Corona-Injektionen“ und immer mehr sterben daran „plötzlich und unerwartet“. Der größte Teil davon sind oder waren Menschen im erwerbsfähigen Alter. Das Heer der dauerhaft Krankgeschriebenen wächst, als Folge fehlt qualifiziertes Personal in allen Sparten, ergo sind auch weite Bereiche der europäischen Wirtschaft in eine Schieflage geraten. Und dieser Zustand wird sich meiner Einschätzung nach in den kommenden Jahren noch verschärfen.

Noch hält sich der Unmut über den politisch-ideologisch verordneten Wohlstandsverlust in Europa in Grenzen, aber die deutsche Bundesregierung hat dennoch scheinbar so viel Angst vor dem eigenen Volk, dass sie seit dem 1. Oktober 2022 dem Militär wichtige Aufgaben im Inland übertragen hat. Das lässt vermuten, dass die Regierenden in Berlin davon ausgehen, dass die Polizei allein bald nicht mehr Herr der Lage sein wird. Warum wohl? Vielleicht weil die meisten Polizisten im Zweifelsfall eher entscheiden werden, ihre eigene Familie zu beschützen, anstatt die Arbeit anzutreten?

Der Krieg in der Ukraine wird die Europäer noch lange beschäftigen, und mit jedem Tag, an dem sie ihre von den USA verordnete Sanktionspolitik weiter betreiben, schaufeln sie sich ihr eigenes Grab immer tiefer. Die Inflation, die offiziell bei rund 10% liegen soll, in Wahrheit aber längst rund fünfmal so hoch ist, wird wohl weiter steigen, weil die Notenbanken FED und EZB seit der Jahrtausendwende mit ihrer aggressiven Ausweitung der Geldmenge alles dafür taten, damit es genau dazu kommt. Das Jahr 2008 war nur die Aufwärmrunde. Alles Geld wird gezielt von unten nach oben umverteilt. Das bedeutet, dass ein Börsencrash und der Fall mehrerer großer europäischer Banken nahezu unausweichlich scheinen, und damit auch Hyperinflation und Währungsreform. Das langfristige Ziel dahinter ist klar definiert, nämlich die Abschaffung des Bargeldes und die Einführung einer rein digitalen Währung, die möglichst viele westliche Staaten werden nutzen müssen. Das mag dem ein oder anderen denkenden Menschen nach dem traumatischen Erlebnis eines Blackouts, also des totalen Versagens der digitalen Welt, wenig logisch erscheinen, aber die Mehrheit der Zweibeiner wird wohl auch das schlucken. Wer in den Ereignissen der letzten zweieinhalb Jahre keine Ungereimtheiten entdeckte, wird auch diese Entwicklung schlüssig finden und sich selbst erfolgreich einreden, dass sie nur zu seinem oder ihrem eigenen Besten sein kann.

Der Plan der westlichen Geldeliten, die Welt nach ihren Vorstellungen komplett umzubauen, kann also vermutlich nur noch an der Entschlossenheit der Gegenseite unter Führung der *BRICS*-Staaten plus Saudi-Arabien scheitern. Das heißt jedoch nicht, dass die Herren vom Club der *Bilderberger* und des *WEF* aufgeben werden. Vielmehr ist davon auszugehen, dass sie in ihrer Hybris und ihrer Verzweiflung alles tun werden, um bei ihrem möglichen Untergang möglichst viele unschuldige Menschen mit sich in den Abgrund zu ziehen.

Was wir derzeit erleben, ist Teil der „hybriden Kriegsführung", die ich in meinem vorigen Buch »Es ist Krieg« ausgeführt hatte. Die Sprengung der *Nord-Stream*-Gaspipelines zwischen Russland und Europa werden vermutlich nicht die letzten Terroranschläge dieser Art gewesen sein. Wenn die USA in Kriegszeiten von einem korrupten senilen Greis geführt werden, die zwischenzeitliche britische Premierministerin als Erstes laut vom Zünden der Atombombe träumt, und der verrückt anmutende Schauspieler, der in der Ukraine den Präsidenten gibt, daraufhin *„Ja bitte!"* ruft, dann können wir uns auf bewegte Zeiten einstellen. Wenn selbst das immer öfter bemühte Schreckgespenst eines Atomkrieges kein Einlenken bewirkt, dann sollten bei allen selbstständig denkenden Menschen alle Alarmglocken schrillen.

Was all das mit dem Rest des Buches zu tun hat, magst Du Dich jetzt vielleicht fragen. Nun, ich möchte damit meine Befürchtung zum Ausdruck bringen, dass die westliche Welt derzeit so sehr mit ihrem eigenen Irrsinn beschäftigt ist, dass jede weitere größere Herausforderung sie heillos überfordern würde. Selbst die durch ein Unwetter ausgelöste und vergleichsweise überschaubare Flutkatastrophe im vergleichsweise winzigen Ahrtal im Juli 2021 war für die zuständigen deutschen Behörden eine komplette Überforderung.

Das Schlimmste daran war jedoch nicht ihre Inkompetenz, sondern die Tatsache, dass sie, von den Mainstreammedien unterstützt, ihr eigenes völliges Versagen ignorierten und daher auch nicht daraus lernen konnten.

Wenn Europa also in der nahen Zukunft *„ein Blackout von nur wenigen Tagen“* ereilen sollte, so rechne ich persönlich damit, dass alles, was daraus resultieren wird, wesentlich chaotischer und dilettantischer ablaufen wird, als die meisten Menschen sich das auch nur ansatzweise vorstellen können, zumal die Tage und Wochen nach einem Blackout auch noch der beste Zeitpunkt für den „Feind“ wären, um nachzulegen und weitere Cyberangriffe und Terroranschläge auf die Infrastruktur zu verüben – egal ob es sich dabei um den Feind innerhalb oder außerhalb der eigenen Grenzen handelt.

Und selbst wenn der Winter 2022/23 mit viel Glück glimpflich verlaufen sollte, so wird Europa in den folgenden Wintern noch schlechter dastehen, solange es nicht zu einem großen Umdenken in weiten Teilen der Bevölkerung kommt, und daraus resultierend zu einem umfassenden geistigen Wandel, dem sich selbst die Politik nicht mehr entziehen kann. Ich will hier nicht den Teufel an die Wand malen, aber es ist Zeit, der Realität ins Auge zu sehen und entsprechend zu handeln.

Ich persönlich habe mich auf eine einschneidende Krise eingestellt, die länger als einen Monat dauern wird, eher mehrere Jahre. Ich denke, dass der derzeitige „Zeitgeist“ noch bis zum Jahr 2025 wirken wird, dann könnte es eine gravierende Veränderung geben, in die eine oder andere Richtung.

Bis dahin dürfte der Wahnsinn, der bereits bis in die letzten Winkel unserer Existenz vorgedrungen ist, sich noch verstärken. Wir werden noch mehr Lügen, Hass, Spaltung, Verbote und Einschränkungen erleben. Je mehr Menschen nun Holzöfen nutzen, desto schneller werden die verbohrten Ideologen das Heizen mit Holz verbieten wollen. Je mehr Menschen wieder Brunnenwasser nutzen, desto schneller werden sie Gesetze dagegen erlassen. Doch der Krug geht so lange zum Brunnen, bis er bricht. Bis dahin müssen wir bestmöglich durchhalten.

Im Grunde denke ich, dass das unvergessliche Erlebnis eines oder mehrerer längerer Blackouts der heutigen Gesellschaft auch guttun könnte. Denn es würde alle Betroffenen dazu zwingen, sich tatsächlich mit der realen, analogen Welt auseinanderzusetzen. Wir würden alle sehr viel darüber lernen, wer wir sind und wozu unser Körper und unser Geist im Stande sind. Wir würden sehr rasch begreifen, was wirklich von Wert ist. Dann würden all die Klugschwätzer, die jetzt die Lage herunterspielen oder sogar noch Öl ins Feuer gießen, rasch in die letzte Reihe durchgereicht werden. Die Führungsrollen würden jene übernehmen, die tatsächlich alle Sinne beisammen haben, die Gesetze der Natur und des Kosmos begreifen und geerdet sind. Das zumindest ist meine Hoffnung. Bis dahin sollte man gut vorbereitet, zielgerichtet und wachsam sein. Ich wünsche mir keinen langen, flächendeckenden Blackout, aber ich fürchte, er wird kaum noch zu verhindern sein.

Im Oktober 2022 werden meinen Informationen zufolge für mehrere große europäische Städte, über die bereits offiziell bekannten hinaus, konkrete „rollierende Blackouts" vorbereitet, um einen Totalausfall der Stromversorgung zu verhindern oder zumindest hinauszuzögern. Die zuständigen Gremien erstellen laufend Verbrauchs- und Stromverfügbarkeitsprognosen für ihre jeweiligen Gebiete, und falls der erwartete Verbrauch das Stromangebot zu übersteigen droht, werden abwechselnd ganze Stadtteile für mehrere Stunden vom Netz genommen. Da solche Entscheidungen sehr kurzfristig getroffen werden müssen, werden auch alle Betroffenen erst wenige Stunden davor darüber informiert werden – so sie zufällig gerade fernsehen oder Radio hören. Wenn also beispielsweise um 16 Uhr verkündet wird, dass ab 18 Uhr die Bezirke A und B für sechs Stunden vom Netz genommen werden, dann dürfte es hektisch werden.

Ich kann keine Verantwortung für Dich übernehmen. Ich kann auch nicht behaupten, dass ich alles bis ins letzte Detail durchdacht hätte, weil niemand von uns wissen kann, was genau die Zukunft bringen wird. Aber ich hoffe inständig, dass ich Dir helfen konnte, Dein eigenes individuelles Vorsorge-Paket zu schnüren und für den Ernstfall besser gerüstet zu sein. Am Ende bleibt uns aber letztlich nur, auf uns selbst zu vertrauen und darauf, dass wir immer sicher, beschützt und geführt sind.

Checkliste

Die tabellarische Auflistung all dessen, was ich für essentiell erachte und zuvor ausführlich beschrieben habe, soll Dir dabei helfen, einen Überblick über Deine ganz persönliche Vorsorge-Situation zu erhalten. Falls Du Dich für einen Monat unabhängig machen möchtest, fülle in der Spalte neben der Produktbeschreibung die benötigte Anzahl ein und in der nächsten Spalte, was das aktuell kosten würde oder was Du bereits dafür ausgegeben hast. In der letzten Spalte kannst Du dann alles abhaken, was Du bereits angeschafft hast. Ich rate Dir, einen Bleistift zu verwenden, da es sein kann, dass sich die Preise sehr rasch ändern und Du, je nach Tempo Deiner Vorbereitung oder Verfügbarkeit bestimmter Waren, den Betrag mehrfach ändern musst. Am Ende wirst Du aber einen guten Überblick über den Stand Deiner Vorbereitungen und über Dein Budget haben.

Sei überzeugt davon, dass sich für Dich alles zum Besten wenden wird und Du genau das bekommst, was für Dich das Richtige ist.

Fluchtrucksack	**Anzahl**	**Preis**	**✔**
Trinkflasche mit Filter			
Zelt, Schlafsack und Isomatte			
Biwaksack			
Handradio und Batterien			
analoge Landkarten			
Wanderschuhe			
Fahrradflickzeug und -pumpe			
Essen			
Reisedokumente			
Stirnlampe			

Wasser	Anzahl	Preis	✔
Trinkwasser (in Liter)			
Standfilter			
mobiler Wasserfilter			
Wasserreinigungstabletten			
Brauchwasserbehälter			
Müllbeutel für Fäkalien bei Wassernot			

Nahrung	Anzahl	Preis	✔
Reis			
Nudeln mit kurzer Kochzeit			
Fertigsaucen (im Glas)			
Fertiggerichte (in Dosen oder Gläsern)			
Tactical Foods			
Dosenbrot			
Dosenobst			
Trockenobst			
Nüsse			
Öle			
Fisch (in Dosen)			
Sportlernahrung (in Pulverform)			
Bienenhonig			
Walnüsse			
Knoblauch			
Müsli- oder Proteinriegel			
Kompakt- oder Komprimat-Verpflegung			
haltbare Babynahrung			
Vitamine			
Tee			
Kaffee			

Kaffeefilter			
Mokkakanne			
Milchpulver oder Kondensmilch			
Süßigkeiten			
Mehl			
Trockenhefe			
Zucker			
Salz (Meer- oder Himalayasalz)			
Tiernahrung			

Kochen	**Anzahl**	**Preis**	**✔**
Propangasflaschen für Gasherd			
Raketenofen			
Gartengrill			
Kelly Kettle			
Fondue-Set			
Kartuschenkocher			
Gaskartuschen			
Spiritus			
Sturmfeuerzeug			
Feuerzeuggas- oder benzin			

Heizen	**Anzahl**	**Preis**	**✔**
mobile Gasheizung			
Petroleumheizung			
Holzofen			
Werkstattofen			

Brennholz			
Gaskartusche			
Petroleum			
Streichhölzer			
Grillanzünder oder Anzündewolle			

Licht	**Anzahl**	**Preis**	**✔**
Taschenlampe			
Stirnlampe			
Solarlaterne			
Campinglampe			
Gaskartusche			
Glühstrümpfe			
LED-Campinglampe (batteriebetrieben)			
Petroleumlampe			
Lampenöl (Petroleum)			
Kerzen			
Teelichter			
(Einweg-)Batterien AA			
(Einweg-)Batterien AAA			
Batterie-Akkus AA			
Batterie-Akkus AAA			
Batterieladegerät			
Knopfzellen			

Strom	**Anzahl**	**Preis**	**✔**
Notstromaggregat			
Benzin oder Diesel			
mobile Powerstation (*EcoFlow*)			
Powerbank			

Kleidung	**Anzahl**	**Preis**	**✔**
Wärmeunterwäsche			
Outdoorjacke			
ärmellose Weste			
wasserdichte Regenhose			
Handschuhe			
Mütze			
Arbeitshandschuhe			

Hygiene	**Anzahl**	**Preis**	**✔**
Campingdusche			
Körperseife			
Haarseife			
Deodorant			
manuelle Zahnbürste			
Zahnpasta			
Geschirrspülmittel			
(Hand-)Waschmittel			
Rasierzeug			
Tampons			
Windeln			

Klopapier und Feuchttücher			
Küchenrollen			
Müllbeutel			

Medikamente und Erste Hilfe	**Anzahl**	**Preis**	**✔**
Melatonin			
Verbandskasten			
zusätzl. Verbandszeug und Mullbinden			
Pflaster			
Desinfektionsmittel			
Schmerzmittel			
Kohletabletten (o.Ä. gegen Durchfall)			
Elektrolyte			
Erkältungsmittel			
Antiallergika			
Breitband-Antibiotikum			
steriles Nähset			
Augentropfen			
Insulin			
Asthmaspray			
Aloe Vera			

Werkzeug	**Anzahl**	**Preis**	**✔**
Gafferband (Panzerband)			
Kombizange			
Hämmer			
Schrauben und Schraubendreher			

Nägel			
Holz-Bogensäge			
Schraubenschlüsselset			
Axt			
Schleifstein			
Großes Messer			
Nähzeug			
manueller Dosenöffner			
Nussknacker			
Arbeitshandschuhe			

Geld, Gold & Tauschmittel	**Anzahl**	**Preis**	✔
Bargeld in Stückelungen			
Silbermünzen (1 Unze)			
Goldmünzen (1, ½, ¼ Unze)			
hochprozentiger Alkohol (Wodka,...)			

Kommunikation	**Anzahl**	**Preis**	✔
batteriebetriebenes Radio			
Kurbelradio			
Satellitentelefon			
CB-Funkgerät			
PMR-Funkgeräte (Walkie-Talkies)			
Batterien separat			

Literatur- und Quellenverzeichnis

(1) www.euronews.com/culture/2022/10/03/back-to-the-cave-age-brussels-diners-eat-in-the-dark-amid-energy-crisis
(2) https://eike-klima-energie.eu/2020/02/20/ein-jahr-nach-dem-blackout-in-berlin-koepenick/
(3) https://environment-review.yale.edu/true-cost-power-outages-0
(4) https://energyskeptic.com/2020/emp-commission-estimates-nationwide-blackout-lasting-1-year-could-kill-up-to-9-of-10-americans-through-starvation-disease-and-societal-collapse/
(5) www.businessinsider.de/karriere/arbeitsleben/muss-ich-bei-einem-flaechendeckenden-stromausfall-arbeiten-das-sagt-eine-arbeitsrechtlerin-r1/
(6) https://herman-unterwegs.de/trinkflaschen-mit-filter/#lebensdauer
(7) www.kopp-verlag.de/a/ecozoom-versa-raketenofen
(8) www.kopp-verlag.de/a/kelly-kettle-base-camp-set-edelstahl
(9) www.kopp-verlag.de/a/mr.-heater-mobile-gasheizung-inkl.-umruestschlauch-fuer-gasflasche
(10) www.berliner-kurier.de/berlin/in-berlin-ist-katastrophenschutz-eine-katastrophe-bevoelkerung-kann-im-ernstfall-nicht-informiert-werden-weil-notstromaggregate-fehlen-li.236528
(11) www.morgenpost.de/berlin/article138647477/Vermummte-nutzen-Stromausfall-fuer-Krawalle-und-Pluendereien.html?service=amp
(12) www.outdoormeister.de/gaskocher-test/
(13) www.neuepresse.de/panorama/faekalien-kommen-aus-der-badewanne-hochhaus-in-hamburg-evakuiert-ZFBWADFLHBXMACPWZBSDLAQI6Q.html
(14) www.stromausfall.info/hygiene-bei-blackout_de_n2748.html
(15) www.amazon.de/epa-bundeswehr/s?k=epa+bundeswehr
www.bundeswehr-und-mehr.de/a-4209
(16) www.focus.de/politik/deutschland/usa-an-der-spitze-diese-laender-strotzen-vor-toedlichen-schusswaffen_aid_883658.html
(17) www.swissinfo.ch/ger/knarren-ueberall-und-mehr--als-man-glaubt/34903902
(18) www.amazon.de, MSR Guardian Purifier-Wasserfilter/Wasserentkeimer
(19) www.idealo.de/preisvergleich/OffersOfProduct/200772682_-bonaparte-4200w-blumfeldt.html
(20) www.kopp-verlag.de/a/petroleumheizung-mit-loeschautomatik
www.vergleich.org/petroleumofen/

Bildquellen

(1) https://commons.wikimedia.org/wiki/File:ElectricityUCTE.svg
(2) https://sustain.com/
(3) ww.amazon.de, Ready24 gefüllter Notfallrucksack, 85-teilig
(4) www.amazon.de, Sawyer PointONE Squeeze & Microsqueeze Wasserfilter
(5) www.shutterstock.com/image-photo/various-colorful-superfoods-acai-powder-turmeric-1140303899
(6) www.amazon.de, Kartuschenkocher „Kochmann Camping Jack“
(7) *Trendline* Kaminofen Sasel – www.ebay.de
(8) www.amazon.de, Gasofen *Blumfeldt Bonaparte*
(9) www.amazon.de, LED Solar Campinglampe von eaaerr
(10) www.kopp-verlag.de, EcoFlow DELTA Powerstation 1260 Wh mit Solarpanel 160 W
(11) https://survivo.ch/shop/camping-dusche/
(12) www.shutterstock.com/de/image-photo/swiss-vreneli-gold-coins-isolated-on-379345531
Wiener Philharmoniker und *Krügerrand*, Privatarchiv Michael Morris

WISSEN IST MACHT

Dr. Dinero Jan van Helsing

Wenn Dir Dein Leben nicht passt, dann glaub doch was anderes! *„Das würde ich ja gerne, aber ich kann es einfach nicht.“*, sagen viele. In diesem Buch erfahren Sie, wie Sie Ihren Glauben und Ihr Sein machtvoll verändern können. Zu wissen, wie man das macht, ist Macht. Das wissen auch die Mächtigen in Politik und Wirtschaft sowie in den Massenmedien, z.B. in Hollywood. Wer die Mechanismen kennt, kann sie anwenden – manipulativ oder befreiend. Man kann ganze Völker für einen Krieg begeistern, Menschen weltweit dazu bringen, sich „impfen“ zu lassen oder auf Grundbedürfnisse des täglichen Lebens zu verzichten. Ja, man kann sogar einem Jungen einreden, dass er ein Mädchen ist... Das ist wahre Macht! Dr. Dinero zeigt in diesem Buch, welches diese Mechanismen sind und erklärt, wie Sie selbst diese konstruktiv anwenden können – sei es in beruflichen Situationen, bei Partnerschaftsproblemen oder auch bei Geldangelegenheiten. Vor allem werden Sie verstehen, was zu tun ist, um frei zu sein, nicht mehr manipuliert zu werden und selbst bewusst zu entscheiden, wie Ihr Leben in Zukunft verlaufen soll.

ISBN 978-398562-888-9 • 25,00 Euro

JETZT GEHT'S LOS!

Michael Morris

Alles in uns und um uns herum ist im Wandel, ob wir es wollen oder nicht. Alte Strukturen geraten ins Wanken. Immer mehr Organisationen entstehen, die versuchen, jene Fehler zu beheben, die durch eine falsche Wirtschaft und Politik entstanden sind – eine Politik, die sich völlig vom Menschen und dessen Bedürfnissen entfernt hat. Doch was kann jeder Einzelne von uns tun, um mit einer Welt Schritt zu halten, die sich immer rascher verändert? Sind die Machthaber der Erde denn nicht schon viel zu mächtig, als dass man noch etwas ausrichten könnte?

Genau diese Fragen wurden Michael Morris von vielen seiner Leser gestellt, die seinen Polit-Bestseller „Was Sie nicht wissen sollen!“ gelesen hatten, in dem er beschreibt, wie sich ein paar hundert mächtige Familien über die letzten zweihundert Jahre die Rohstoffe der Welt unter den Nagel gerissen haben und heute über Wirtschaftsstrukturen die Weltgeschicke lenken.

Im vorliegenden Buch zeigt er Möglichkeiten auf, wie wir uns aus dem Sumpf befreien können, in dem wir uns gegenwärtig befinden. Michael Morris erklärt, welche praktischen Wege es gibt, einen sinnvollen, hilfreichen Beitrag für das Wohl der Erde und der Menschheit an sich zu leisten. Er zeigt zudem Alternativen in der Wirtschaft und im Geldwesen auf, ebenso wie im Bereich der Bildung – denn jede Revolution beginnt im Geiste.

ISBN 978-3-938656-14-3 • 21,00 Euro

ES IST KRIEG

Michael Morris

Die Superreichen gegen den Rest der Welt!

Wir befinden uns in jener Zeit, die künftig vielleicht als die Endschlacht um das Überleben der Menschheit in die Geschichtsbücher eingehen wird, und der Ausgang dieses Krieges ist ungewiss. • Die vermeintliche „Corona-Impfung" zerstört das Immunsystem der Geimpften und führt dazu, dass jeder Betroffene an seiner ganz individuellen Schwachstelle erkrankt oder daran verstirbt. • Die Regisseure dieser künstlich geschaffenen Krise kommen vorwiegend aus dem Bereich der IT, der Pharmaindustrie, des militärisch-industriellen Komplexes und der Geheimdienste. • Im Rahmen der Corona-Inszenierung sollen wir Menschen auf eine digitale Identität (QR-Code) reduziert werden, um uns uneingeschränkt kontrollieren zu können (Social Ranking System). • Die Lüge vom menschengemachten Klimawandel dient dem Zweck, die Bevölkerung in Angst zu halten und immer neue Steuern zu erheben und Verbote auszusprechen. • Die grassierende gewollte Inflation könnte schon bald zu einer Hyperinflation ausarten und in einer Währungsreform enden, um eine neue, rein digitale Weltwährung zu etablieren. All diese Themen sind eng miteinander verflochten und verfolgen dasselbe Ziel: den klassischen Menschen abzuschaffen und durch einen digital gesteuerten Sklaven zu ersetzen. Wissen ist Macht. Vorbereitung ist essentiell. Widerstand ist unsere letzte Hoffnung!

ISBN 978-3-938656-96-9 • 24,00 Euro

WENN DAS DIE MENSCHHEIT WÜSSTE...

Daniel Prinz

Wir stehen vor den größten Enthüllungen aller Zeiten!

Der neue Blockbuster von Daniel Prinz – 720 Seiten! Der Inhalt dieses Buches wird Sie aus den Schuhen hauen! Im Folgeband des Bestsellers „Wenn das die Deutschen wüssten..." hat Daniel Prinz im ersten Teil in aufwendiger Recherchearbeit brisante Hintergründe zu den beiden Weltkriegen aufgedeckt, die mit dem gefälschten Geschichtsbild der letzten 100 Jahre mit eisernem Besen gründlich aufräumen. In Teil 2 geht es um Chemtrails, die Dezimierung der Menschheit, Zensur und Gedankenpolizei, Impfungen und das Krebsgeschäft, und in Teil kommt die kosmische Variante mit ins Spiel: das geheime Weltraumprogramm!

ISBN 978-3-938656-89-1 • 33,00 Euro

MASSENMORD ODER NATÜRLICHE AUSLESE

Valentino Bonsanto

Obwohl die allermeisten Ängste und Befürchtungen niemals eintreffen werden, sind überraschend viele Menschen regelrecht in Panik. Angeheizt durch die immer wieder neu aufbereiteten Schreckensmeldungen der Mainstream-Medien läuft ein großer Teil der Bevölkerung wie aufgeschreckte Hühner durch die Landschaft. Covid-19, weltweite Konflikte und der Krieg in der Ukraine stellen die Welt, so wie wir sie einmal kannten und liebten, auf den Kopf. Doch warum ist das so? Warum steckt die Menschheit in einer Sackgasse und steuert schnurstracks auf den Dritten Weltkrieg zu? Welche Verantwortung tragen die Massenmedien und die Politiker an diesem Dilemma? Gibt es doch einen Plan für die Versklavung und Reduzierung der Menschheit? Valentino Bonsanto hat aufgrund des „politisch unkorrekten" Inhalts seines ersten Buches „Corona – Der große Intelligenztest" seine Arbeitsstelle an einer deutschen Universität verloren. Dennoch hat er sich nicht davon abhalten lassen, seine Recherchen fortzusetzen, um mit diesem Buch weitere brisante sowie unbequeme Tatsachen ans Licht zu bringen.

ISBN 978-3-938656-79-2 • 24,00 Euro

KREBS UND ANDERE SCHWERE KRANKHEITEN...

Chris Patron

Mit den Informationen in diesem Buch halten Sie den Schlüssel für eine dauerhafte Gesundheit in Ihren Händen! Sie werden verstehen, warum Sie erkrankt sind und wie Sie ein für alle Mal wieder vollständig gesunden und gesund bleiben, gleich wie schwer Sie auch erkrankt sein mögen. Sie werden verstehen lernen, was die wirklichen Ursachen für Krankheit sind und dass Krankheit nicht Gott gegeben ist, sondern einzig und allein durch Sie, durch Ihr Verhalten oder Ihre Lebensumstände entsteht, begünstigt oder verursacht wird, mit der Ausnahme angeborener Schäden. Sie müssen verinnerlichen und akzeptieren, dass SIE allein die Ursache Ihres körperlichen Zustandes sind, niemand sonst!

Doch so brutal und direkt diese Feststellung auch sein mag, so POSITIV ist sie im Umkehrschluss, denn was nicht Gott gegeben ist (Gott kennt keine Krankheiten), sondern allein durch Sie verursacht ist, können auch SIE wieder korrigieren!!! Am Ende dieses Buches werden Sie erleichtert durchatmen, und ein befreiendes Glücksgefühl wird sich einstellen, denn aus der Hoffnung wird Gewissheit geworden sein, Sie haben wieder eine Zukunft. Jede auch noch so schwere Krankheit ist heilbar!

ISBN 978-398562-000-5 • 44,00 Euro

CORONA – DER GROSSE INTELLIGENZTEST

Valentino Bonsanto

SIND WIR ALLE VERRÜCKT GEWORDEN? Alles begann im Winter 2019/20 mit einem völlig „neuartigen" Virus. Die Welt, wie wir sie kannten, war mit einem Schlag auf den Kopf gestellt. Die Menschheit befand sich in kürzester Zeit in einer Pandemie, die so schrecklich eingestuft wurde, dass sie Millionen von Menschen ins Grab bringen sollte. Doch entspricht das wirklich der Wahrheit? Ist das Virus tatsächlich so tödlich, oder könnte es sein, dass all die Veränderungen schon viel früher begannen, von uns unbemerkt und von einer Elite von langer Hand geplant? Valentino Bonsanto hat in den tiefsten Tiefen gegraben, recherchiert und Informationen zusammengetragen, die selbst ihn an manchen Tagen an ein Limit brachten. Direkt und mit einer ordentlichen Prise Sarkasmus spricht er in diesem Buch Klartext: *„Wenn wir heute nicht für unsere Freiheit einstehen, dann werden wir und die nächsten Generationen für lange Zeit keine mehr haben. Es wird kein Morgen mehr geben, so wie wir es uns wünschen und wie wir es einst geliebt haben, denn sie werden versuchen, uns alles zu nehmen."* Es ist höchste Zeit, die Augen mutig zu öffnen und der Wahrheit ins Gesicht zu schauen. Denn es liegt an uns – den Menschen, dem Volk, den Bürgern –, wie unsere zukünftige Welt aussehen wird.

ISBN 978-3-938656-78-5 • 21,00 Euro

MEIN VATER WAR EIN MiB – Band 5

Jason Mason

Wir nähern uns dem Kern der größten Mysterien unserer Zeit! Band 5 der MiB-Reihe reiht sich nahtlos in die Serie ein und es gibt eine Unmenge an neuen Informationen zu entdecken. Jason Mason berichtet wieder von den Bucegi-Bergen in Rumänien und die dortigen Tunnelsysteme, die ins Zentrum der Erde führen. Die Botschafter innerirdischer Zivilisationen hüten Aufzeichnungen der wahren historischen Geschichte der Menschheit. Wieso versucht die Weltelite, das zu verhindern? Erfahren Sie die aufregendsten Geheimnisse deutscher Wissenschaftler, die für das frühe amerikanische Weltraumprogramm aktiv waren. Wer steuert die unbekannten Flugobjekte, und wird die Welt gerade auf die Bekanntgabe von UFOs und Außerirdischen auf der Erde vorbereitet? Jason Mason präsentiert neue Whistleblower, die weitere Details über die Alien-Präsenz auf der Erde enthüllen. Weitere Themen: Enthüllungen von militärischen Whistleblowern über UFOs, unheimliche Begegnungen mit Reptiloiden, geheime Untergrundbasen und das Geheime Weltraumprogramm sowie die Rückkehr der Anunnaki.

ISBN 978-3938656-86-0 • 33,00 Euro

WENN DAS DIE PATIENTEN WÜSSTEN

Jan van Helsing

Geld oder Gesundheit? Mensch oder Fallpauschale? Worum geht es in unserem Gesundheits-System? Warum sterben immer noch unendlich viele Menschen elend an Krebs, der Krankheit, deren konventionelle Behandlung horrende Summen verschlingt? Weil die wahren Ursachen das medizinische Establishment nur selten interessieren. Weil es bei der konventionellen Krebstherapie nicht um Heilung, sondern ums Geld geht, das ist die perfide Regel, nach der dieses System funktioniert. Bestimmte Dinge laufen nach dem immer gleichen Prinzip ab: Jemand entdeckt eine Krankheitsursache oder entwickelt eine vielversprechende Heilmethode, das Wissenschafts-Establishment will nichts davon wissen. Den Patienten bleibt nichts anderes übrig, als sich selbst auf die Suche zu machen nach wahren Ursachen und wahren Heilern. Sie finden sie oft in einer Welt jenseits des medizinischen Mainstreams, einer Welt, in der von Schulmedizinern aufgegebene Patienten die Chance auf ein zweites Leben bekommen.

Jan van Helsing: *„Es ist an der Zeit, dass wir die Macht über unseren Körper zurückerobern – vor allem, was die Impfthematik angeht. Ich bin alt genug, selbst zu entscheiden, was in meinen Körper reinkommt und was nicht. Und die Anordnungen der Regierung interessieren mich nicht, denn ich habe diese Regierung nicht gewählt.“*

ISBN 978-3-938656-75-4 • 25,00 Euro

DIE RÜCKKEHR DER DRITTEN MACHT

Gilbert Sternhoff

Seit dem Ende des Zweiten Weltkrieges mehren sich die Anzeichen dafür, dass auf der Erde im Verborgenen eine Dritte Macht existiert. Entstanden in den letzten Tagen des großen Völkerringens hat sie sich in den folgenden Jahrzehnten mittels einer Absetzbewegung und fortschrittlicher Technologien, die den unseren weit überlegen sind, etabliert. Ihr Ziel besteht unverhüllt in der Übernahme der Welt. Der Zeitpunkt scheint nicht mehr fern, da für ihr „Projekt Zeitenwende“ die letzte Phase eingeleitet wird. Seit dem Jahr 2017 ist auch das UFO-Phänomen aus seinem Schattendasein getreten und hat sich vor allem in den USA durch veröffentlichte und vom Militär für echt erklärte Sichtungen offizielle Anerkennung verschafft. Sogar eine UFO-Task-Force wurde von der US-Regierung eingerichtet. Die alles entscheidende Frage ist: Wer sind SIE? Der im Juni 2021 von den US-Geheimdiensten vorgelegte Bericht verschweigt der Öffentlichkeit die schockierende Wahrheit.

ISBN 978-3938656-71-6 • 21,00 Euro

HANDBUCH FÜR GÖTTER

Jan van Helsing

Egal, was die Illuminaten vorhaben, was ist DEIN Plan?

In diesem Buch spricht Jan van Helsing, der bereits im August 2019 über den Corona-Plan informiert war, mit Johannes, einem Hellsichtigen, der sozusagen einen guten „Draht nach oben" hat. Beide gehen der Frage nach, wieso die Mächtigen dieser Welt – die Illuminaten –, die hinter all diesen Szenarien stecken, eine solche Angst haben, dass ihre Machenschaften auffliegen, dass sie deswegen Videos, Bücher sowie Menschen auf dem gesamten Globus zensieren. Wovor haben sie Angst? Die Illuminaten kennen ein Geheimnis, das sie ganz schnell ihrer eigenen Macht berauben würde – hätten die Menschen Kenntnis davon. Es ist etwas, das in jedem von uns verborgen ist, weshalb man uns durch eine gigantische Ablenkungsindustrie davon abhält, uns auf die Suche nach diesem Geheimnis zu machen. Das „Handbuch für Götter" zeigt Möglichkeiten auf, wie jeder Einzelne diese Kraft entdecken und im täglichen Leben zum Einsatz bringen kann.

ISBN 978-3-938656-64-8 • 21,00 Euro

WIR TÖTEN DIE HALBE MENSCHHEIT

Eileen DeRolf Jan van Helsing

„China wird eine Erkältung bekommen.' Diese Epidemie soll sich dann über die ganze Welt ausbreiten – entweder als Rache der Chinesen oder weil das Virus mutiert ist – und die Menschen generell dezimieren, um zirka 50 Prozent!" Das sagte ein britischer Hochgradfreimaurer im Gespräch mit Bill Ryan (Project Camelot) im Jahr 2010.

Über die Jahrzehnte haben verschiedene Autoren über die kommende Neue Weltordnung geschrieben und darüber, dass eine kleine Elite die Welt an sich reißen und alles privatisieren will. Die Corona-Epidemie ist ein geschickt genutztes Werkzeug, einen Finanzcrash zu tarnen, Bargeld zu entziehen, Zwangsimpfungen und möglicherweise auch ein Chippen von Menschen zu erwirken. Und es gibt einen Plan: Zum einen gibt es den für die Menschheit der Zukunft, die auf mindestens die Hälfte reduziert werden soll. Wie sie das machen werden und wen sie als erstes im Visier haben, erfahren Sie in diesem Buch. Die Neue Weltordnung selbst wird u.a. über die Agenda 21 und Agenda 2030 im links-grünen Gewand eingeführt. Dies schildert die Aktivistin Eileen DeRolf am Beispiel der USA in aller Ausführlichkeit. Um die 'Privatisierung der Welt' und die historischen Hintergründe derselben besser verstehen zu können, hat Jan van Helsing mit dem Insider Hannes Berger und dem Climate-Engineering-Spezialisten Andreas Ungerer ein langes Interview geführt.

ISBN 978-3-938656-53-2 • 21,00 Euro

KAMPF GEGEN GOTT

Alexander Kohlhaas

Mehr als ein Aussteigerbuch für Sekten- und Religionsgeplagte

Dieses Buch richtet sich nicht nur an Aussteiger aus Sekten oder Religionen, sondern auch an Angehörige von Menschen, die sich in sektenähnlichen Strukturen befinden. Es richtet den Spot auf den blinden Fleck der Gesellschaft, der sie nicht wahrhaben lässt, wie sehr Menschen durch die Beschneidung, als auch durch langanhaltende Religions- und Sektenzugehörigkeit geschädigt. Es zeigt auf:

- Wie Sekten und Religionen die Psyche der Menschen nachhaltig beschädigen.
- Weshalb Aussteiger oft Jahre nach dem Ausstieg noch den Mechanismen der Sekte ausgesetzt sind und weshalb sie das dort antrainierte Verhalten nicht überwinden können.
- Weshalb die Zeugen Jehovas in Russland verboten sind.
- Wie führende Politiker weltweit auf die Erfüllung der Prophezeiungen des AT hinarbeiten.

ISBN 978-3-938656-63-1 • 21,00 Euro

LÜGENMÄULER

Renato Stiefenhofer

Es wird Zeit, die Mäuler zu stopfen!

Der Schweizer Jumbo-Kapitän Renato Stiefenhofer fliegt seit Jahrzehnten überwiegend für asiatische Airlines. Als ehemaliger Airforce-One-Pilot der Vereinigten Arabischen Emirate und Privatjet-Chauffeur für europäische Milliardäre tanzt er auf verschiedenen Hochzeiten und auf verschiedenen Kontinenten. Die ihm anvertraute Informationsvielfalt – vom Scheich Sultan über David Beckham bis hin zum UNO-Generalsekretär – versucht er in diesem Buch einzuordnen.

Im Laufe der Zeit erkannte er, dass es mindestens zwei Parallelwelten geben muss: Die eine kennen wir alle, die andere ist ein sehr gefährliches Pflaster. Spätestens seit einem intensiven, privaten Gespräch mit einem US-Vier-Sterne-General in der First Class weiß er: Die brutale Realität und die Meinung, welche durch die tendenziöse Berichterstattung unserer Mainstream-Medien verbreitet wird, klaffen weit auseinander. Der US-General stellte infrage, ob 9/11 so passiert ist, wie es uns die Geschichtsbücher und die Politik vorbeten. Dieses Gespräch wurde zum Beginn einer Odyssee, die Captain Stiefenhofer ein gigantisches Lügengebilde von Politik und Presse offenbarte. Gleichzeitig werden die EU, der deutsche Staat und die verwirrenden Covid-19-Maßnahmen akribisch untersucht und entlarvt.

ISBN 978-3-938656-68-6 • 21,00 Euro

ISS RICHTIG ODER STIRB!

Vera Wagner

Von der Wiege bis zum Pflegebett, von der Babymilch bis zum Menü im Heim: Big Food konditioniert unseren Geschmack. Macht uns krank mit Zucker, Salz und Fett. Vergiftet uns mit toxischen Zusätzen und in High-Tech-Laboren zusammengebrauten Aromen. Und bringt damit viele Menschen ins Grab. Die Nahrung ist für die meisten Todesopfer weltweit verantwortlich, sagt die WHO – und kollaboriert hinter den Kulissen mit den Food-Konzernen. Diejenigen, die Ernährung kontrollieren müssten, haben die Kontrolle abgegeben. Früher wäre es strafbar gewesen, Erdbeergeschmack aus Sägespänen herzustellen. Heute ist es legal.

Die Zeit des Umbruchs ist gekommen, auch beim Thema Ernährung. Ernährungswissenschaftler fordern: Der Grad der industriellen Verarbeitung sollte auf Produkten angegeben werden. Doch wie lange wird es dauern, bis das umgesetzt ist? Sie haben nur eine Chance: Sie müssen die Sache selbst in die Hand nehmen!

ISBN 978-3-938656-57-3 • 24,00 Euro

LOCKDOWN

Michael Morris

Der Ausnahmezustand ist die neue Norm!

- Wie kann man den längst überfälligen systemischen Crash der Weltwirtschaft organisieren, ohne dass es einen Schuldigen gibt?
- Wie kann man die Nutzung von Bargeld abschaffen, ohne Widerstand aus der Bevölkerung zu erzeugen?
- Wie kann man problemlos die flächendeckende und lückenlose Überwachung aller Menschen etablieren?
- Wie kann man Versammlungs- und Demonstrationsverbote ohne Widerstand durchsetzen?
- Wie kann man die Menschen dazu bewegen, sich freiwillig impfen und chippen zu lassen?
- Wie kann man die Weltbevölkerung reduzieren, ohne dass irgendjemand Verdacht schöpft?

Dafür bräuchte es ein Ereignis, das so einschüchternd wirkt, dass die Menschen freiwillig auf ihre verfassungsmäßig garantierten Rechte verzichten und alle bisherigen Überzeugungen, Gewohnheiten und Ideale aufgeben. Dafür bräuchte es einen unsichtbaren Feind, der nie besiegt werden kann, weil er sich immer wieder verändert und immer wieder hinterhältig und erbarmungslos zuschlägt. Es bräuchte etwas, das uns alle betrifft, das niemand versteht, und das dennoch alle Menschen in Angst und Schrecken versetzt. Und genau das erleben wir jetzt!

ISBN 978-3-938656-19-8 • 21,00 Euro

POLITISCH UNKORREKT

Jan van Helsing & Co.

Mit der Schere im Kopf müssen viele Autoren, Journalisten und Verleger arbeiten und schreiben nicht das, was sie gerne möchten und was auch die Bürger interessieren würde, sondern sie unterliegen einem unsichtbaren Diktat – der *Politischen Korrektheit*! Wenn Sie bislang meinten, dass *„man in Deutschland doch alles sagen darf"*, dann liegen Sie falsch. Bei uns darf man bestimmte Themen nicht ansprechen oder gar publizieren. Ansonsten folgt eine gesellschaftliche – meist durch die Medien angezettelte – Hetze und im Regelfall dann auch eine Bestrafung. Fakt ist, dass den Bürgern entweder Teile einer Nachricht vorenthalten werden, weil sie „politisch unkorrekt" sind und eventuell den „öffentlichen Frieden" stören könnten, oder es tauchen in vielen Fällen die Ereignisse überhaupt nicht in den Nachrichten auf, man hält sie einfach von der Öffentlichkeit fern, um das Volk nicht zu beunruhigen!

ISBN 978-3-938656-60-0 • 24,00 Euro

HITLER ÜBERLEBTE IN ARGENTINIEN

Jan van Helsing & Abel Basti

Augenzeugen kontra Geschichtsbücher

„So ein Unsinn", werden Sie über den Titel denken. *„Hitler ist im Berliner Bunker gestorben. Man hat die verkohlten Leichen von ihm und Eva Braun gefunden, und das dort aufgefundene Gebiss wurde als das von Hitler identifiziert."*

Nun ja, diese Darstellung des Ablebens von Adolf Hitler ist zwar offiziell anerkannt und wurde kürzlich auch recht aufwendig verfilmt, ist aber selbst unter Historikern umstritten – nicht zuletzt deshalb, weil das angebliche Schädelfragment Hitlers im Jahre 2010 untersucht wurde und sich nach einem DNS-Test als das einer Frau herausstellte. Und wieso berichten die größten Tageszeitungen Paraguays im Jahre 2010, dass Hitler lange in Südamerika gelebt hat und auch dort gestorben ist? Nun stellen Sie sich bestimmt die Frage: *„Ja und, was soll's? Jetzt ist er aber bestimmt tot! Was soll ich mich damit noch beschäftigen?"* Richtig, genau das sollte man meinen. Allerdings werden in diesem Buch Personen präsentiert – die namentlich genannt werden –, die nicht nur behaupten, Adolf Hitler persönlich in Südamerika angetroffen zu haben, und das über einen längeren Zeitraum hinweg – bis ins Jahr 1964 –, sondern auch, dass er die letzten zwanzig Jahre seines Lebens nicht untätig war – ganz im Gegenteil!

ISBN 978-3-938656-20-4 • 26,00 Euro

ILLUMINATENBLUT

Nikolas Pravda

Die Täuschung und Menschenverachtung der Eliten enttarnt!

Angeblich leben wir in einer aufgeklärten, humanistischen und christlichen Gesellschaft, der sog. westlichen Wertegemeinschaft. Doch unsere Werte werden allzu oft mit Füßen getreten und zwar nicht nur von Kriminellen, Hochstaplern und Terroristen, sondern auf besonders drastische Weise gerade auch von der Oberschicht, den Eliten und den sog. Illuminaten. Die Eliten werden in den Medien häufig als selbstlos, humanistisch und religiös dargestellt, als Menschenfreunde, Helden oder Heilige. Doch hinter der freundlichen Maske des Gutmenschen verbirgt sich nicht selten die hässliche Fratze des rücksichtslosen Ausbeuters. Nikolas Pravda widmet sich diesen dunkelsten Schattenseiten unserer Gesellschaft und ihren mächtigsten Akteuren, wobei er schonungslos aufdeckt, wie sehr die scheinbar transparenten Strukturen unserer Gesellschaft von okkulten Ritualen durchdrungen sind, der Rechtsstaat von elitären Geheimgesellschaften im Würgegriff gehalten wird und das Machtgefüge von immergleichen Blutlinien durchzogen ist, die für eine kontinuierliche Verdummung des Rests der Bevölkerung sorgen.

ISBN 978-3-938656-49-5 • 19,00 Euro

GIFTDEPONIE MENSCH

Katja Kutza

Der ungewöhnliche Heilungsweg einer Amalgamvergiftung, die Hintergründe moderner Volkskrankheiten und die wundervolle Hilfe aus der geistigen Welt!

„Sie sind austherapiert. Wir können keine körperlichen Erkrankungen bei Ihnen feststellen und vermuten eine psychische Störung.“ Das waren die Worte, mit denen Katja Kutza aus den meisten schulmedizinischen Praxen entlassen wurde. Am Ende eines langen Leidensweges stand die Autorin mit einem nicht mehr funktionieren wollen-den Körper und allein gelassen von Ärzten vor den Trümmern ihres einst glücklichen Lebens. Völlig verzweifelt an diesem Punkt angekommen, bekam ihr Leben endlich eine glückliche Wende. Durch innige Gebete gab es für Katja Kutza plötzlich außergewöhnliche Fügungen des Schicksals – meist in Form von alternativen und spirituellen Heilmethoden. Nicht nur ihre Grunderkrankung – eine Amalgamvergiftung – wurde aufgedeckt, auch spirituelle, geistige und energetische Heilsysteme ebneten ihr den Heilungsweg.

ISBN 978-3-938656-47-1 • 21,00 Euro

WELTVERSCHWÖRUNG

Thomas A. Anderson

Wer sind die wahren Herrscher der Erde?

Immer mehr Menschen stellen fest, dass sie von den Regierenden belogen und betrogen werden und dass die Volksvertreter nicht das Volk vertreten, sondern die Interessen von Großkonzernen, von Militär und Wirtschaft. Große, weltumspannende Firmen und Organisationen leiten unsere Welt. Diese Familienclans nennen die Rohstoffe auf Erden ihr Eigen, bestimmen den Goldpreis und verleihen astronomische Summen an kriegführende Länder. Aber geht es diesen wirklich nur um wirtschaftliche Interessen, oder steckt etwas ganz anderes dahinter?

ISBN 978-3-938656-35-8 • 23,30 Euro

WHISTLEBLOWER

Jan van Helsing

Insider aus Politik, Wirtschaft, Medizin und Geheimdienst packen aus!

Der Whistleblower Edward Snowden und der Sprecher der Whistleblower-Plattform *Wikileaks*, Julian Assange, haben im Ausland Asyl beantragt, weil sie geheime Regierungsdokumente veröffentlicht hatte. Man will sie jedoch nicht bestrafen, weil sie Unwahrheiten oder Lügen verbreitet haben – nein: Man will sie bestrafen, weil sie den Menschen die Wahrheit gesagt haben, die Wahrheit darüber, dass wir alle von unseren Regierungen und deren Geheimdiensten überwacht und ausspioniert werden. Ist es das, wofür wir unsere Volksvertreter gewählt haben? Ist es nicht viel eher so, dass sie inzwischen ganz anderen Interessen dienen? Für dieses Buch haben *Jan van Helsing* und *Stefan Erdmann* 16 Whistleblower interviewt, die u.a. zu folgenden Themen auspacken:

- Wie geht es in deutschen Asylantenheimen wirklich zu?
- Ist Deutschland souverän? Ist die BRD ein Staat oder eine Firma?
- Was ist *Geomantische Kriegsführung*?
- Es werden viele alternative sowie schulmedizinische Therapieformen unterdrückt!
- Gibt es das „Geheime Bankentrading“ wirklich? Wie sparen Großunternehmen und soziale Einrichtungen über Stiftungen Steuern?
- Der Ruanda-Kongo-Krieg war wegen Rohstoffen angezettelt worden!
- Warum es bei Film und Radio nur „Linke“ geben darf...
- Ein Schottenritus-Hochgradfreimaurer spricht über UFOs und Zeitreisen.

ISBN: 978-3-938656-90-7 • 23,30 Euro

NATIONALE SICHERHEIT – Die Verschwörung

Dan Davis

War es eine Freimaurer-Hinrichtung?

Etwa 2.800 bislang geheime Dokumente zum Mord an John F. Kennedy wurden von Präsident Donald Trump zur Veröffentlichung freigegeben. In diesem Buch werden die neuesten Erkenntnisse über den Mord an JFK am 22. November 1963 in Dallas, Texas, thematisiert und aufgelistet. Neben den brandaktuellen Fakten werden weitere offene Fragen erstmals beantwortet: Warum waren alle Entscheidungsträger, die mit der „Aufklärung" des Mordes zu tun hatten, Freimaurer? Welche von JFK geplanten Gesetzesänderungen verschwanden nach dem Attentat umgehend wieder? Warum kam es zu einem Massensterben von Augenzeugen? War es reiner „Zufall", dass Kennedys Sohn 1999 mit seinem Flugzeug abstürzte, wenige Tage vor einer geplanten Kandidatur zum US-Präsidenten?

ISBN 978-3-938656-52-5 • 21,00 Euro

GEHEIMGESELLSCHAFTEN 3

Jan van Helsing

Halten Sie es für möglich, dass ein paar mächtige Organisationen die Geschicke der Menschheit steuern? Jan van Helsing ist es nun gelungen, einen aktiven Hochgradfreimaurer zu einem Interview zu bewegen, in dem dieser detailliert über das verborgene Wirken der weltgrößten Geheimverbindung spricht – aus erster Hand! Dieser Insider informiert uns darüber: Was die Neue Weltordnung darstellt, wie sie aufgebaut wurde und seit wann sie etabliert ist – weshalb die Menschen einen Mikrochip implantiert bekommen – dass die Menschheit massiv dezimiert wird – welche Rolle Luzifer in der Freimaurerei spielt – dass der Mensch niemals vom Affen abstammen kann – welche Rolle die Blutlinie Jesu spielt – dass es eine Art Meuterei in der Freimaurerei gibt, und was aus Sicht der Freimaurer auf die Menschheit zukommt.

ISBN 978-3-938656-80-8 • 26,00 Euro